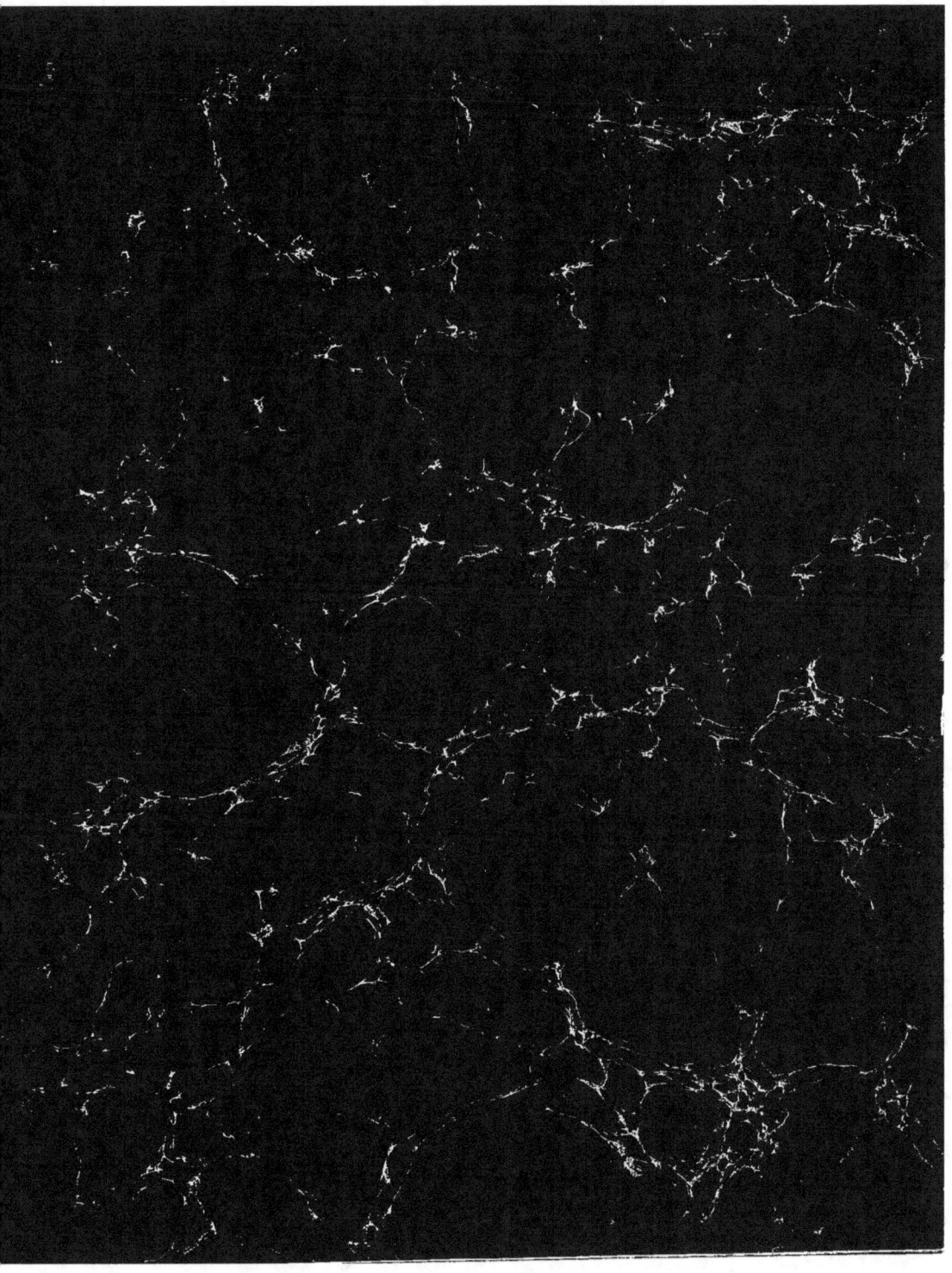

RÉPUBLIQUE FRANÇAISE — RÉGENCE DE TUNIS

COLLECTIONS

DU

MUSÉE ALAOUI

PUBLIÉES SOUS LA DIRECTION

DE

M. R. DE LA BLANCHÈRE

DÉLÉGUÉ DU MINISTÈRE DE L'INSTRUCTION PUBLIQUE ET DES BEAUX-ARTS DE FRANCE PRÈS LA RÉSIDENCE GÉNÉRALE
DIRECTEUR DU SERVICE BEYLICAL DES ANTIQUITÉS ET DES ARTS

PREMIÈRE SÉRIE

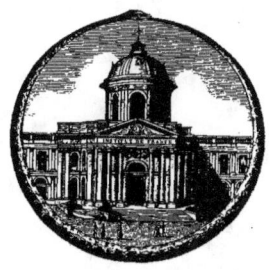

PARIS
LIBRAIRIE DE FIRMIN-DIDOT ET CIE
IMPRIMEURS DE L'INSTITUT, RUE JACOB, 56
1890

LES PROCHAINES LIVRAISONS CONTIENDRONT :

BÉTYLE CARTHAGINOIS
Par M. PH. BERGER
AUXILIAIRE DE L'INSTITUT

INSCRIPTIONS CHRÉTIENNES
Par M. EDM. LE BLANT
DE L'INSTITUT

ÉPIGRAPHIE ROMAINE
Par M. RENÉ CAGNAT
PROFESSEUR AU COLLÈGE DE FRANCE

MIROIRS EN BRONZE A RELIEFS
Par M. SALOMON REINACH
ATTACHÉ AU MUSÉE DE SAINT-GERMAIN

TERRES CUITES D'HADRUMÈTE
Par M. EDM. POTTIER
DU MUSÉE DU LOUVRE

CARREAU DE TERRE CUITE DE CARTHAGE
Par M. CLERMONT-GANNEAU
DE L'INSTITUT

TYPOGRAPHIE DE FIRMIN-DIDOT. — MESNIL (EURE).

COLLECTIONS
DU
MUSÉE ALAOUI

TYPOGRAPHIE FIRMIN-DIDOT. — MESNIL (EURE).

RÉPUBLIQUE FRANÇAISE — RÉGENCE DE TUNIS

COLLECTIONS

DU

MUSÉE ALAOUI

PUBLIÉES SOUS LA DIRECTION

DE

M. R. DE LA BLANCHÈRE

DÉLÉGUÉ DU MINISTÈRE DE L'INSTRUCTION PUBLIQUE ET DES BEAUX-ARTS DE FRANCE PRÈS LA RÉSIDENCE GÉNÉRALE
DIRECTEUR DU SERVICE BEYLICAL DES ANTIQUITÉS ET DES ARTS

PREMIÈRE SÉRIE

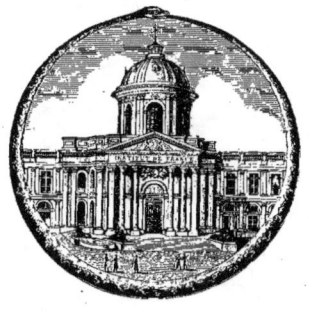

PARIS

LIBRAIRIE DE FIRMIN-DIDOT ET CIE
IMPRIMEURS DE L'INSTITUT, RUE JACOB, 56

1890

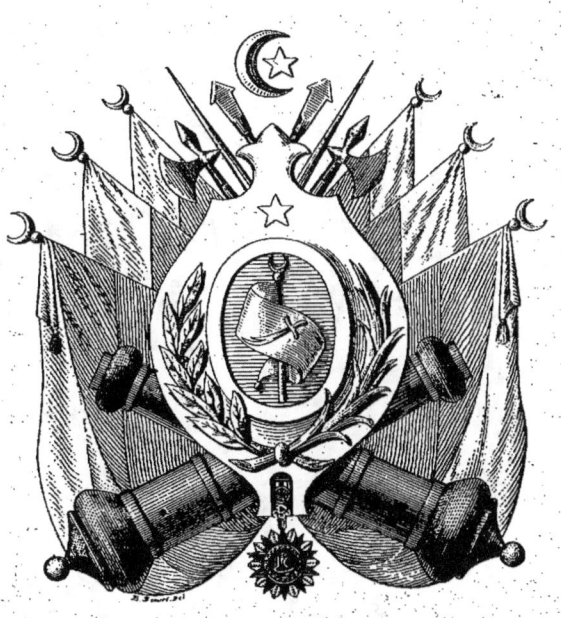

الى جناب الامير على باشا بك مالك البلاد التونسية

مولاى

ادارة التحف والآثار والفنون تتشرف بأن تقدم لدولتكم هذا التأليف الذي باز من جنابكم العالي بأوفر حظ وأجزل نصيب اذ من المعلوم الغني عن البيان أن انشاء دار للتحف والآثار قد سمحت مكارم أخلاق دولتكم بالتكرم والافضال بأفخر سراياتكم العامرة لأجلها هو عمل لم يسبق له نظير في تاريخ البلاد التونسية نعم وان كان هو في الحقيقة عمل فرنساوي شرع به باعتناء الدولة الحامية وتحرز الأهم منه بمصاريبها وعنايتها لكنه لايزال متحليّا باسمكم الشريف على ممر الدهور مخلّدا لدولتكم اجمل الشكر والثناء كيف لا ودار التحف والآثار العلوية التي لحظها السعد بتوجه معالي هم دولتكم الى تنظيمها وتحسينها واشهار مزاياها هي من الآثار الفخيمة التي ستكون تذكارا الى الأبد بما لدولتكم من جليل الخيرات وجزيل المبرات وهذا الكتاب هو لسان الشكر لدولتكم على انشاء هذا الأثر الحميد وبه تتم للعلماء وارباب الفنون الأوروباوين معرفة الثروة الحفيظية والفنا في هذه البلاد ويشاركونني في الثناء والمدح وخالص المودة للامير الجليل الحائز لفضيلتي السيف والقلم الذي تحلى جيد هذا التأليف باسمه الكريم

وانى يا مولاى مع كمال الاحترام ودوام الشكر لدولتكم لأتشرف بكوني عبدكم المطيع المخلص

رنى دلابلنشير

رئيس ادارة التحف

والآثار

A S. A. ALI PACHA-BEY,

SOUVERAIN DU ROYAUME DE TUNIS

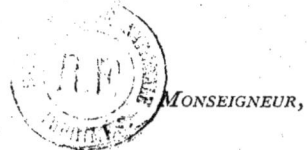

Monseigneur,

Le Service des Antiquités et des Arts offre à Votre Altesse cet ouvrage auquel Elle a pris une grande part. La création d'un musée, pour lequel Elle a bien voulu donner le plus beau de ses palais, est une œuvre sans précédent dans l'histoire de la Tunisie, œuvre française par excellence, exécutée sous l'initiative, par les soins, et, pour une bonne partie, aux frais du gouvernement protecteur, mais œuvre aussi à laquelle votre nom est indissolublement attaché. Le musée Alaoui, qui a reçu de Votre Altesse tant de marques d'intérêt et de bienveillance, est une des fondations qui perpétueront le plus sûrement le souvenir de ce règne. La présente publication est le complément naturel de la création d'un tel établissement. Elle en fera connaître les richesses aux savants et aux artistes d'Europe, et elle leur fera partager, pour le souverain éclairé auquel elle est dédiée, les sentiments de respect et de reconnaissance avec lesquels j'ai l'honneur d'être,

De Votre Altesse,
Le très humble et dévoué serviteur,

M. R. DE LA BLANCHÈRE,
Directeur du service des Antiquités et des Arts.

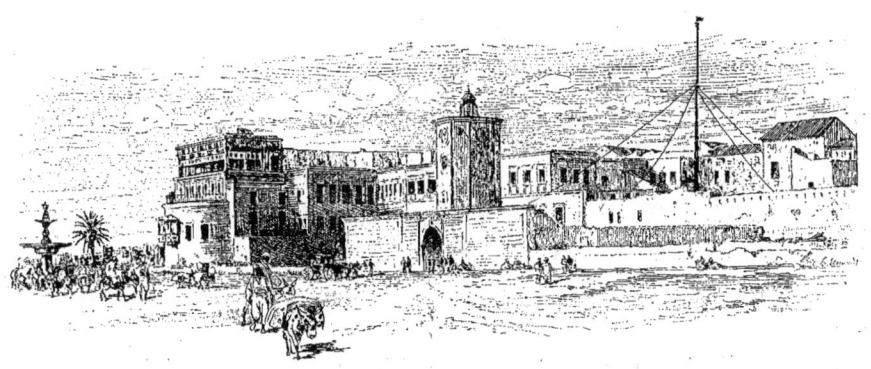

Entrée du Bardo, dessin de Ch. Lallemand.

INTRODUCTION.

Jusqu'au règne de S. A. Ali Bey, souverain actuel, les antiquités tunisiennes avaient été à l'abandon.

Aucun pays de l'ancien monde, sans même excepter l'Italie, n'est aussi fécond en souvenirs de la civilisation romaine; aucun, pas même la Syrie, n'a révélé autant de monuments phéniciens; et à ces richesses incomparables, sinon par leur beauté, au moins par leur grand nombre, s'ajoutent des éléments grecs et le produit du travail indigène, les œuvres des anciens Libyens. Mais on ne faisait rien pour garder ces trésors. L'exemple de la dévastation était souvent parti du gouvernement même; les fouilles tentées sur plusieurs points par des Européens, depuis près de deux siècles, n'étaient en général qu'un pillage de plus.

Sous le bey Mohammed es Sadok, un ministre se fit octroyer « toutes les ruines », afin de les exploiter. De cet accaparement sortit le musée de la Manouba, fondation privée, enrichie au hasard, dilapidée au fur et à

INTRODUCTION.

mesure, et dont quelques bribes à peine ont pu nous être conservées. Des collections particulières s'étaient aussi créées ailleurs. A Carthage, l'amas d'antiquités formé à l'ombre de la chapelle Saint-Louis, propriété de la France, devint, aux mains et pour le compte de S. Ém. le cardinal Lavigerie, un musée fort considérable, qui demeure confié aux soins habiles du R^{me} P. Delattre. Mais il fallut l'occupation française pour que le gouvernement cessât d'abandonner au premier venu les antiquités de l'Afrique.

Dès le 26 Hidjé 1299 (15 déc. 1881), M. Paul Cambon, ministre résident de France, obtint du bey Mohammed es Sadok un décret ordonnant des mesures pour la conservation des monuments et décidant la création d'un musée; un directeur des fouilles fut peu après nommé. Mais ces actes publics restèrent sans effet. Les dispositions du décret n'avaient pas de sanction, le Musée n'avait point de local, les monuments appelés à en faire partie n'en trouvèrent pas le chemin.

Ce fut seulement en 1884 que le ministère de l'Instruction publique et des beaux-arts de France, après avoir dépensé des sommes considérables en missions archéologiques, en subventions au musée de Carthage, en impressions et en travaux divers, créa, sous la présidence de M. Renan, une commission spéciale pour l'étude et la publication des documents d'archéologie africaine, et délégua un membre de cette commission près la résidence générale, à Tunis. Ces mesures, dues à l'initiative de M. X. Charmes, membre de l'Institut, directeur du secrétariat, furent suivies de l'organisation d'un service complet dans la Régence. Par décrets en date des 22 Djoumadi el Aoual 1302 (8 mars 1885), 9 Djoumadi et Tani 1302 (25 mars 1885), 7 Rabia el Tani 1303 (12 janvier 1886), et 1er Djoumadi et Tani 1303 (7 mars 1886), S. A. Ali Bey créa une direction des Antiquités et des arts, qui fut confiée au délégué du ministère de l'Instruction publique, affecta l'ancien harem du bey Mohammed, au Bardo, à l'installation d'un musée, décida que ce musée porterait son nom, et édicta enfin une législation complète, exécutoire moyennant une procédure régulière, et sanctionnée par des peines, pour la protection des monuments de l'antiquité dans la Régence.

L'exiguïté des ressources de la direction, presque réduite, à ses débuts, à la subvention du ministère français, la nécessité d'organiser le service, de former le personnel, d'explorer les richesses archéologiques du pays, les réparations énormes que réclama le harem concédé, palais superbe, mais presque en ruine, ne permirent guère de s'occuper que dans le courant de 1887 de l'installation du Musée.

Néanmoins, le 7 mai 1888, pendant les fêtes du premier concours agricole, de la première exposition scolaire et de la première exposition de beaux-arts que la Régence eût encore vus, l'établissement put être inauguré en présence de S. A. le Bey et de M. Massicault, résident général de France, aux efforts bienveillants duquel le succès de cette création est dû pour une bonne partie. A cette solennité, le ministre de l'Instruction publique et des beaux-arts de France avait bien voulu se faire représenter par M. G. Perrot, de l'Institut, second président de la commission de Tunisie, et par M. Delpeuch, ancien chef du cabinet. L'Académie des Inscriptions et belles-lettres avait délégué deux de ses membres, M. Wallon, secrétaire perpétuel, et M. Héron de Villefosse, conservateur au musée du Louvre.

Depuis cette date, le Musée, régulièrement organisé et ouvert largement au public, s'est rapidement enrichi. Le gouvernement tunisien affecte à son accroissement une petite somme annuelle, et le ministère de l'Instruction publique a continué, pour une large part, de subvenir à ses besoins. C'est donc en Tunisie une œuvre bien française, et ce n'est pas une de celles auxquelles la France doit le moins tenir.

*
* *

Le Bardo, où se trouve le Musée, est situé à l'ouest de Tunis, à 3 800 m. de Bab el Khadra, par où sort la grande route qui y mène, à 2 800 de Bab Sidi Abd es Selam et 2 300 de Bab bou Saadoun, portes ouvertes sur cette même route, à 2 500 de Bab el Halloudj, à 5 kil. environ du quartier européen. Son enceinte est un pentagone dont trois des côtés sont égaux; elle enferme un espace d'environ 16 hectares.

Cette enceinte est, au moins en partie, ce que le Bardo possède de plus vieux; rien n'y peut être cependant antérieur au seizième siècle. Dès cette époque, le Bardo servait de résidence temporaire aux deys, qui dominaient alors. C'était une forteresse, contenant des habitations, des mosquées, des casernes et des prisons, et tel resta son caractère. A partir du dix-huitième siècle, les beys y demeurèrent presque continuellement. Chacun d'eux s'y fit sa maison, qu'abandonna son successeur. Ces palais, privés d'entretien, tombèrent l'un après l'autre en ruine; les trois quarts de la surface bâtie sont occupés par leurs débris. Les constructions que l'on visite datent du règne des derniers beys. Au moment de l'occupation, elles étaient fort délabrées, presque toutes prêtes à tomber, même celles de Mohammed es Sadok. Depuis lors seulement on répare celles qui doivent être conservées, telles que la salle du trône, la salle d'audience, la salle de justice, etc.

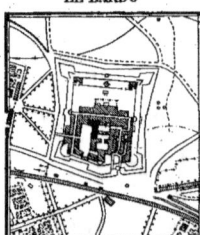

Plan du Bardo à l'échelle du 20000°.

Malheureusement ces bâtisses modernes ne présentent pas d'intérêt. Elles n'ont aucun caractère; quelques-unes à peine attirent le regard par la richesse des matériaux, dépouilles d'anciens édifices. Aussi étrangères à l'art qu'aux principes de la construction, elles témoignent de la décadence où était tombé le pays. Le harem de Mohammed Bey a seul une valeur artistique. Il faut savoir grand gré aux ministres résidents de France et au bey actuellement régnant d'y avoir placé un musée.

*
* *

Mohammed Bey, cousin et successeur d'Ahmed Bey, monta sur le trône le 31 mai 1855. Il se mit aussitôt à l'œuvre, et voulut se faire un palais qui surpassât tout ce qu'avaient rêvé ses devanciers les plus prodigues. En toute hâte, le Harem fut créé. Les Tunisiens se rappellent encore les dépenses de sa construction et les splendeurs dont il fut le cadre. Le petit souverain de Tunis y jouait au sultan magnifique. Ses quatre épouses y étaient entourées de plusieurs centaines de femmes. Ce n'était que dorures, tentures, fleurs, fontaines, oiseaux, décors. Les fêtes et les concerts se succédaient sans trêve; on avait à peine le temps de bâtir et d'aménager.

Les fantaisies de cette espèce épuisent promptement et le trésor et le maître. En quatre ans, tout était fini. Mohammed étant décédé le 22 septembre 1859, son frère et successeur Sadok ne tarda pas à délaisser le Harem, n'ayant point de femmes à y mettre. Le bey actuel habite la Marsa, qui en est à 20 kil. Quand le décret du 25 mars 1885 destina ce local à devenir un musée, les terrasses laissaient tomber l'eau, qui formait des flaques dans les salles, les plâtres, les faïences se détachaient des murs, les fenêtres brisées s'ouvraient à tous les vents, des herbes garnissaient les baies, des lianes pendaient du haut des ciels ouverts, des figuiers déjà grands croissaient dans les lézardes, et, dans les caissons des plafonds, dans les découpures des corniches vivaient des colonies d'oiseaux.

Réparé, isolé, séparé des ruines par la démolition des constructions branlantes qui menaçaient de le détruire, le harem de Mohammed Bey, devenu Musée Alaoui, se compose de trois étages.

Le rez-de-chaussée, outre des magasins, des communs, l'écurie, la cage du monte-charge, contient un vestibule voûté, ouvrant, sur la cour de la Fontaine, par une porte garnie d'un revêtement, de clous et de heurtoirs en bronze. Au fond est le grand escalier, qui s'arrête au premier étage.

On entre là dans un patio couvert, immense pièce entourée d'un portique, mais peinte assez bizarrement. Le faux goût de l'époque s'y est donné carrière, couvrant d'un décor italien des ornements moulés en plâtre, et faisant ressembler cette salle, d'ailleurs assez bonne de style et imposante de proportions, à un ouvrage de sucrerie. Une énorme citerne est construite dessous. Sur le portique règne une galerie qui conduit au second étage, où divers locaux ont reçu le personnel et les services; les collections sont presque entièrement concentrées au premier étage. Le patio contient, avec une partie des sculptures, les séries épigraphiques.

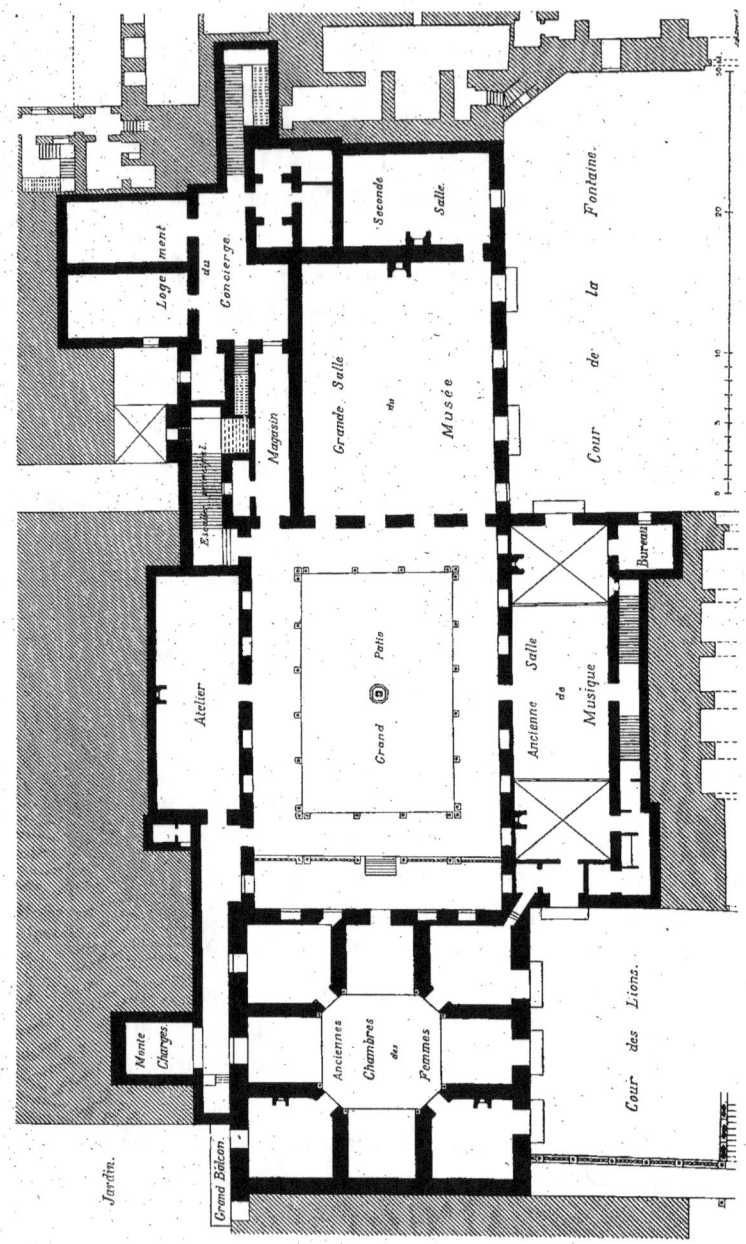

PLAN DU PREMIER ÉTAGE DU MUSÉE ALAOUI DANS L'ANCIEN HARÈM DE MOHAMMED BEY, AU BARDO.

Au fond de ce patio est une salle peu claire, ornée d'un plafond peint, doré, resplendissant, et de deux galeries portées sur des colonnes en marbres imbriqués; leurs plafonds, de style oriental, sont assez purement traités. C'était la salle de musique.

A gauche du patio s'ouvre la grande salle, qui a presque 19 mètres de long sur environ 12 de large. Son plancher est maintenant recouvert d'une mosaïque venue de Sousse; d'autres sont accrochées aux murs; des statues, des stèles, des vitrines garnissent également le pourtour. Le plafond de cette vaste salle est un ouvrage unique en pays barbaresque. N'y eût-il eu que lui, le palais méritait d'être conservé. C'est une coupole à caissons peints, dorés, de pur style arabe, si l'on excepte quelques-uns des ornements qui entourent son cadre. Elle est imitée de plafonds analogues connus en Égypte; on s'étonne de la rencontrer à deux pas des productions vulgaires des bâtisseurs modernes, dans un palais qui n'a pas, tant s'en faut, entièrement échappé à leur goût.

Mais la merveille du Harem, c'est l'appartement des épouses. Situé à droite du patio, il présente une salle en croix, le centre surmonté d'une coupole, et, dans les intervalles des bras, quatre chambres carrées, également sous coupoles.

Toutes les coupoles et les plafonds sont revêtus de plâtres découpés rehaussés d'œils de couleur, d'un effet vraiment admirable. Ce travail du nouksh-hadida, véritable dentelle solide, que l'on suit depuis l'Alhambra, par le Maroc, Tlemcen, Constantine et Tunis, jusqu'aux plus belles mosquées du Caire, n'est nulle part plus fin, plus parfait. Dernier effort d'un art qui disparaît et qui n'a laissé à Tunis aucune œuvre aussi remarquable, cet ensemble est presque une synthèse de tout le décor islamique. Des méandres arabes, des nœuds hindous, des cœurs persans, des palmettes égyptiennes, des entrelacs syriens, des rinceaux turcs s'y rencontrent, très bien fondus, harmonieusement combinés. C'est comme un résumé de toute la tradition d'un art très florissant dans l'Afrique du nord. Ce chef-d'œuvre vaudrait, à lui seul, toutes les dépenses et tous les soins que le palais où il se trouve a pu coûter et coûtera encore.

Tel est le local qui renferme le Musée franco-tunisien. Tout jeune qu'il est, cet établissement est déjà la plus considérable des collections

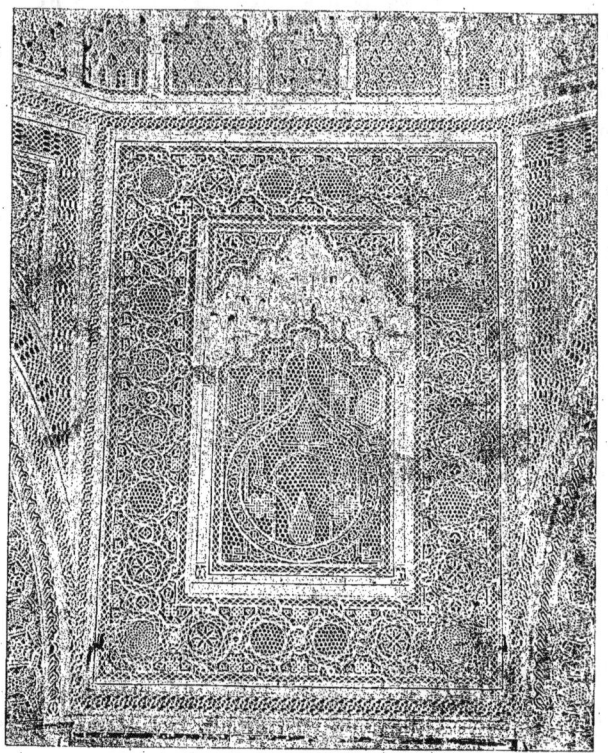

Panneau en nouksh-hadida dans l'ancien appartement des femmes.

publiques africaines. Il s'augmente très promptement. Son catalogue paraîtra bientôt, et un choix de ses pièces les plus rares a figuré avec honneur à l'Exposition universelle.

Tunis, novembre 1889.

MOSAÏQUE

REPRÉSENTANT LE CORTÈGE DE NEPTUNE

(HADRUMÈTE, *SOUSSE*).

La mosaïque reproduite dans la pl. I forme le pavement de la grande salle du Musée. Elle provient d'Hadrumète (*Sousse*), et mesure 13^m,14 sur 10^m,25, plus le seuil, qui a 2^m,95 sur 0^m,75, soit près de 137 mètres carrés. C'est probablement la plus grande qui ait été jusqu'à présent enlevée, transportée, replacée. Elle a été découverte, avec plusieurs autres, au cours de travaux exécutés en 1886, 1887, 1888, par le 4e régiment de tirailleurs. Par arrêté ministériel en date du 23 janvier 1887, il a été décidé qu'elle serait apportée au Musée Alaoui, et que les autres seraient déposées dans la salle d'honneur du régiment. L'extraction, le transport et la remise en place ont été exécutés par les soins de la Direction des Antiquités et des arts [1].

L'ensemble de constructions dans lequel ont été trouvées ces mosaïques est situé à l'ouest-nord-ouest de Sousse, hors de la porte dite Bab el Gharbi, sur la pente qui descend vers la mer, et que couvrent en partie les jardins militaires. La destruction de toutes ces bâtisses était si complète que rien ne dépassait le sol. Les premiers déblais, qui ont amené la mise au jour des mosaï-

---

[1] L'historique de la découverte et la description des opérations de l'enlèvement et du transport ont fait l'objet d'un rapport en date du 11 août 1887, qui a été publié dans le *Bulletin archéologique* du Comité des travaux historiques en 1888.

ques, les fouilles qui furent exécutées lors de leur enlèvement, la remise en état des terrains exigée, après tous ces travaux, par le service de l'artillerie, tous ces remuements du sol ont permis de reconnaître la disposition et d'étudier les parties de presque toute cette habitation. Car c'était une habitation très grande, très riche, et possédant des salles de pur luxe, somptueusement décorées. Elle ne devait avoir qu'un rez-de-chaussée, couvert d'un toit sur charpente, et non d'une terrasse; les dimensions de plusieurs pièces, et la construction des murs, qui ne sont guère qu'en terre battue, ne permettent pas de s'y tromper. Elle a été abandonnée plutôt que détruite, on n'y a trouvé qu'un petit nombre d'objets; abandonnée, elle est tombée d'elle-même.

Les parties explorées comprennent une grande salle, la salle de Neptune, en avant de laquelle existait, suivant toute apparence, un portique sur les jardins; cette salle était entourée de larges corridors. A droite et à gauche, sur ces corridors, s'ouvrent des salles plus petites; celui de gauche était un portique, et la salle qui donnait sur lui a fourni une mosaïque représentant un Haras, transportée dans la salle d'honneur du 4ᵉ tirailleurs. Le corridor de derrière, orné d'une exèdre en abside, précédait un jardinet intérieur. A droite et à gauche, d'autres corridors allaient vers le fond de l'édifice. Sur celui de droite s'ouvrait la salle où était une mosaïque représentant des Chevaux vainqueurs. Les deux corridors conduisaient à une série de petites chambres, d'un niveau un peu plus élevé : l'une de ces chambres a fourni le médaillon en mosaïque représentant une Panthère, qui est également à Sousse, dans la salle d'honneur des tirailleurs; deux autres montraient, dans la mosaïque de leur seuil, l'une AD LEONE[m], l'autre AD APRV[m], sans doute à cause de deux peintures, qui ont disparu avec les murs. Il est certain que les constructions s'étendent encore assez loin sous les terrains environnants (1). Malheureusement ces terrains sont occupés par un chemin, par des propriétés particulières, par des jardins appartenant aux troupes de la garnison, et il n'a pas été possible, jusqu'à présent, de déblayer entièrement l'édifice.

(1) Voir le plan, dans le rapport précité, pl. VII.

L'étude de ce qui a été mis à découvert donne toutefois des renseignements curieux.

**

Tous les pavements de cette vaste demeure sont en mosaïque.

Les corridors, larges de plus de 3 mètres, sont entourés d'un encadrement en torsade; leur fond est blanc; les dessins sont tantôt des courbes de

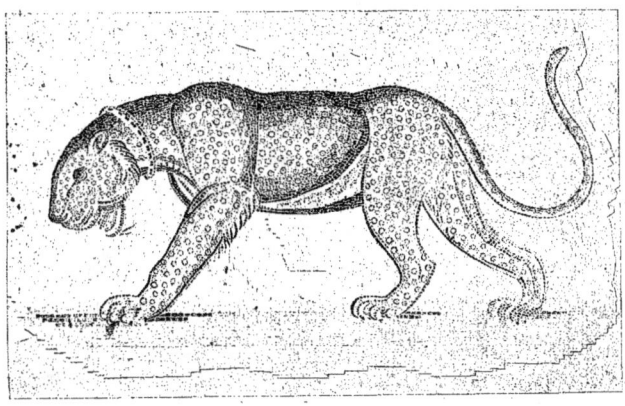

cubes noirs formant des écailles imbriquées, tantôt des hexagones, au centre desquels se détache une croisette en cubes de couleur. La salle de la Panthère, autour du médaillon, la salle du Lion, celle du Sanglier et les autres n'ont également que des motifs géométriques en noir sur un fond blanc. L'abside qui fait face à la porte de la salle de Neptune présentait au contraire une décoration polychrome, disposée en forme d'éventail, et rappelant assez exactement les palettes qui forment, chez nous, le corps de cet objet de toilette.

Presque toutes ces mosaïques, ensevelies à 1 mètre, $1^m,50$, $1^m,80$, sous le terrain actuel, se sont trouvées en bon état, malgré quelques gondolements, dus à la nature du sol sur lequel elles ont été posées. Les grands tableaux seuls ont souffert, et encore peu gravement.

Les reproductions de trois d'entre eux insérées dans cette notice sont prises d'aquarelles envoyées à l'Exposition universelle par le 4ᵉ tirailleurs; mais la pl. I a été faite au Bardo sur l'original.

La Panthère n'est qu'un médaillon à fond blanc qui devait avoir 1ᵐ,30 de diamètre, mais c'est peut-être la plus belle pièce de toutes; c'est certainement une des plus parfaites que l'on ait encore rencontrées. Malheureusement elle est très mutilée : une patte de devant et un morceau du mufle ont péri. La bête est représentée en marche, baissant la tête, dans une attitude caressante. Elle porte un riche collier; les ocelles de sa peau, le chatoiement de son poil, les rondeurs de ses muscles, sont rendus avec un effet saisissant par un mélange discret de cubes de couleurs vives dans les tons bruns de la robe. Le dessin est des plus corrects; les cubes sont parmi les plus fins qui se puissent employer dans cette espèce d'ouvrages.

Le tableau des Chevaux vainqueurs était encore plus indemne. Le plancher dans lequel il était s'est trouvé entièrement intact. Seule l'usure avait laissé ses traces sur le pavage. Quant au motif central, il n'avait qu'une légère blessure, ou plutôt une contusion. Dans le bois d'oliviers qui recouvrait la place, une tombe arabe avait été creusée, et le squelette était couché sur la mosaïque elle-même; un coup de pioche des fossoyeurs avait enfoncé quelques cubes.

Le tableau est carré, il a près de deux mètres. Dans un cadre formé d'une guirlande de lierre sont quatre chevaux, affrontés deux par deux, les pieds vers le cadre, sur une champagne où se projette l'ombre portée. Les groupes sont séparés par deux poteaux du cirque, les deux chevaux de chaque groupe par un palmier. Chaque cheval a un bouquet sur la tête, et au cou un collier d'où pend un long gland; au-dessus de lui, un génie nu, ailé, portant une ceinture à longue écharpe flottante, tient une guirlande ornée de lemnisques. Ce sont donc deux tableaux qui se tournent le dos, et l'ensemble ne pourrait être mis sur une paroi horizontale sans que deux des chevaux fussent les jambes en l'air.

Le centre est occupé par une scène idyllique fort commune. D'un grand rocher, dans les replis duquel poussent quelques plantes, s'échappe une cascade, dont les eaux coulent sur le devant. Trois animaux y viennent boire, une chèvre, une vache et un cerf (?). Sur le rocher est assis un berger, la houlette sur le bras et jouant de la syrinx; un serpent se dresse au pied, tandis qu'un limaçon, grimpant sur la paroi, étend ses cornes. Sauf la chèvre, ce paysage est assez mal fait.

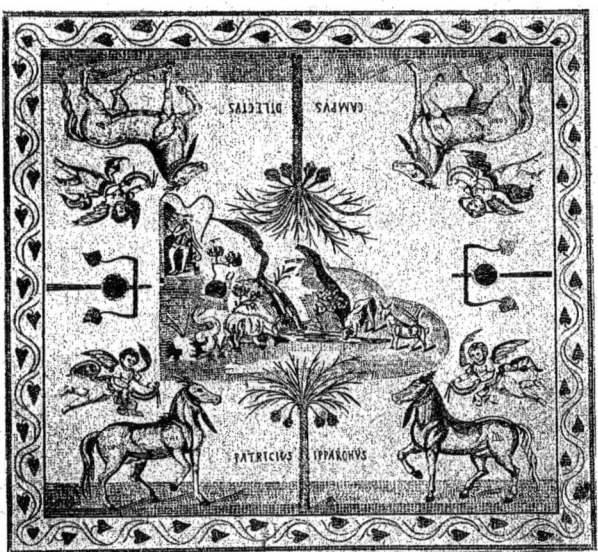

Les chevaux sont d'un dessin médiocre, mais d'une mosaïque parfaite. Celui de gauche est au pas, celui de droite à l'amble. Chaque groupe a été fait sur le même poncis; la couleur seule des animaux diffère : dans l'un ils sont rouges, et dans l'autre ils sont noirs. Dans chaque groupe, le cheval de gauche porte sur la croupe SOBO, sur l'épaule THI; le cheval de droite a sur la croupe un signe ainsi fait 🐾.

Les palmiers sont chargés de régimes. Les poteaux sont en forme de croix. Au-dessous de la traverse est un pavois rond décoré de raies jaunes en étoile, et de chaque bout de la traverse pend une longue corde ou tige flexible terminée par une feuille de lierre. Ces poteaux sont en cubes rouges et jaunes, ceux-ci représentant peut-être des ornements en or.

Les génies, quoique posés de même, sont différents dans le détail. Ils ont tous deux bracelets à chaque bras et un à chaque jambe. Leur exécution est très bonne : modelé des nus et mouvement sont remarquables; une des figures est même charmante de physionomie et de grâce.

Le fond du tableau est blanc. De chaque côté de chaque palmier se lit un mot écrit horizontalement en noir, entre le tronc de l'arbre et le poitrail du cheval. Dans le groupe rouge, on lit : PATRICIVS | IPPARCHVS; dans le groupe noir : CAMPVS | DILECTVS.

Dans le seuil de la baie centrale qui donne sur le grand corridor, est reproduit un poteau semblable à ceux du tableau, mais sans lierre. Enfin, dans cette même entrée, mais dans la bordure du couloir, figurent, en cubes noirs, un petit poteau semblable et la marque de l'écurie.

Cette représentation de chevaux est analogue à beaucoup d'autres, mais les détails paraissent dignes d'être étudiés avec quelque intérêt.

La salle entière était pavée en mosaïque de couleur ; mais, au lieu que celle du tableau est faite en cubes très petits, celle-ci est en cubes assez gros, bien joints d'ailleurs et d'un très bon travail. Le dessin et le coloris sont tout à fait dignes d'éloges.

Un encadrement ondé, motif d'un goût médiocre, mais fréquent dans cette région, court tout autour de la salle.

La décoration de celle-ci est une série de figures géométriques exécutées d'une façon à la fois pittoresque et savante (1).

Ce tableau des Chevaux vainqueurs semble donner quelques renseignements sur la maison et sur son maître. Il a paru à ceux qui l'ont examiné que les groupes de lettres écrits sur les animaux devaient former le nom de leur propriétaire. Tous les chevaux représentés sur les pavages de la maison

---

(1) Le détail de cette construction géométrique figure dans le rapport précité, duquel sont extraites d'ailleurs, pour la plus grande partie, les descriptions de celles des mosaïques qui étaient alors découvertes.

portent cette même marque. On l'a lue SOROTHI; sur les vainqueurs, je verrais plutôt SOBO | THI. Le nom de CAMPVS | DILECTVS est évidemment celui du domaine représenté dans le tableau, et où ils sont entretenus. Les mots PATRICIVS | IPPARCHVS sont sans doute le nom et le titre du chef d'écurie.

Il n'est pas absolument démontré, à mon sens, que les deux groupes *Sobo* ou *Soro* et *Thi* soient un seul et même mot, et que ce mot soit vraiment le nom du propriétaire. Mais c'est très possible, et, dans ce cas, le riche seigneur, éleveur de chevaux, passionné pour le cirque et heureux dans certaines courses, qui possédait cette somptueuse demeure, se serait appelé Sorothius ou Sorothus, Sobothus ou Sobothius. Le pavage d'une autre salle représente sa ferme, son haras.

Ce nouveau tableau est entouré d'un cadre orné d'une guirlande de lierre. Quatre grands médaillons ronds en occupent les quatre coins, de manière à remplir complètement la partie droite et la partie gauche; l'écoinçon intermédiaire est rempli, pour ceux de gauche, par un lièvre gîté dans de grandes herbes; ceux de droite sont endommagés, et cette partie a disparu; à gauche, les écoinçons voisins du cadre sont garnis chacun d'un oiseau.

Dans chaque médaillon sont reproduits deux chevaux tout à fait semblables à ceux de l'autre salle, et de même affrontés et séparés par un palmier. Comme les autres, ils ont un collier avec un long gland, et un bouquet, ou plutôt, cette fois, une palme sur la tête; comme les autres ils ont, à gauche, SOBO ou SORO sur la croupe et THI sur l'épaule, et, à droite, la marque de l'écurie sur la croupe; mais, de plus, ils ont les jambes de devant, depuis le boulet jusqu'aux deux tiers du pâturon, serrées dans des bandes de couleurs vives. Leurs noms sont au-dessus d'eux. A gauche, le médaillon supérieur représente AMOR et DOMINATOR, l'inférieur, ADORANDVS et CRINITVS; à droite, en haut comme en bas, il ne reste plus qu'un cheval : l'un est FEROX, l'autre PEGASVS, dont le nom est écrit en dessous.

Entre ces quatre médaillons, toute la partie centrale de la composition est occupée par un tableau qui représente le Haras, ou plutôt la jumenterie.

Au milieu d'une campagne, dans laquelle des arbres indiquent probablement les bois et de grandes herbes, les pâturages, s'élève une montagne d'où sort un fleuve qui descend à travers les prairies, et au sommet de laquelle est une petite maison. Au pied de la montagne, une chèvre et un bœuf figurent les troupeaux de la ferme.

D'un côté de la montagne se voient deux constructions. L'une, carrée, en pierres de taille, haute et munie d'une grande porte et de toutes petites fenêtres, couverte d'un toit en grandes tuiles, paraît une espèce de tour, une maison de garde probablement. La seconde, plus considérable, figure très certainement le bâtiment où sont les écuries. Il présente sa façade. Celle-ci se compose de deux tours carrées, entre lesquelles règne un portique, marqué par trois colonnes. Au-dessus de ce portique dépasse le toit d'une construction intérieure. Il est clair que tous ces détails ont une valeur plutôt conventionnelle, et résument, plus qu'ils ne le représentent, un ensemble assez étendu : par exemple, des cimes d'arbres qui s'élèvent au-dessus des bâtisses, des branches sortant de leurs alignements, ont pour but d'indiquer des jardins ou des allées qui sont au dedans.

De l'autre côté, c'est-à-dire en avant de la montagne, sont les pâturages, dans lesquels s'ébattent les juments et les poulains de l'éleveur. Il y a en tout huit figures chevalines : trois juments suitées, et deux autres qui se battent ou jouent au premier plan. L'artiste a essayé, non sans succès, de leur donner à toutes des attitudes aussi variées que naturelles : l'une paît, l'autre se gratte, une troisième allaite son petit.

Ce tableau, réellement curieux, rappelle tout naturellement la célèbre mosaïque de l'Oued Atménia qui représentait le domaine et l'écurie d'un certain Pompeianus. Moins complet, moins intéressant, il ressemble de très près au tableau des Chevaux vainqueurs. Probablement il est de la même main, en tout cas du même atelier. Son style est identique, ses chevaux sont presque calqués sur les autres. Il offre les mêmes défauts, les mêmes naïvetés, la même faiblesse de dessin dans les animaux, et il n'a, pour la compenser, rien de comparable aux jolies figures des génies.

La description de ces trois mosaïques, bien qu'elles ne soient pas au musée

Alaoui, était indispensable à faire. Elles accompagnaient en effet, dans la grande maison d'Hadrumète, la mosaïque de Neptune, et il est curieux de noter à quel point elles diffèrent d'elle. Un coup d'œil sur notre pl. I montre qu'elles sont d'un tout autre art, d'une inspiration différente. Par la nature des sujets, dont les analogues sont fréquents dans toutes les provinces de l'Afrique,

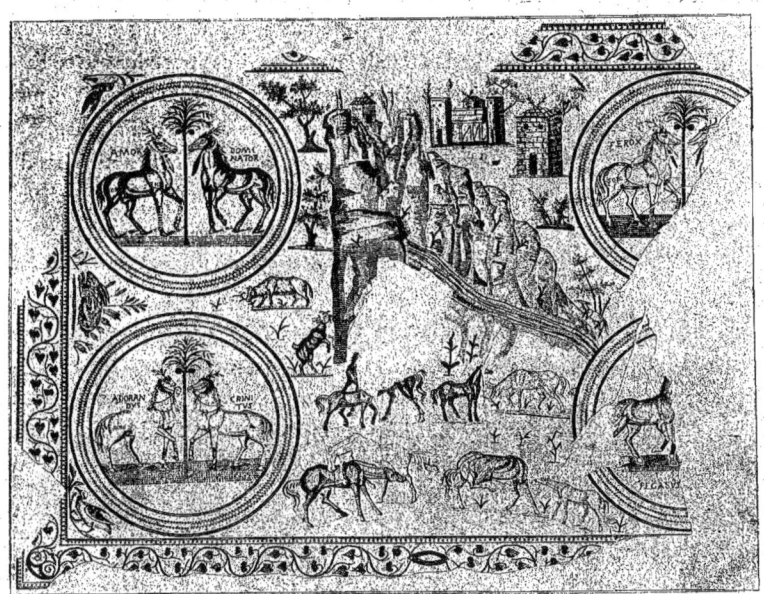

par la composition et le style, elles ont un caractère topique que la mosaïque du Musée n'a pas. Elles représentent évidemment les goûts du maître de la maison. L'autre est un hommage au grand art.

*
* *

De tous les pavements précieux que ces fouilles ont mis au jour, celui de la salle de Neptune était le plus endommagé. De larges plaies, irréparables, s'ouvraient dans le seuil, dans le cadre, dans la composition elle-même, emportant presque complètement un ou deux médaillons, n'en laissant qu'un petit nombre intacts. Au milieu, traversant tout le tableau, un gros pli, que l'on reconnut ensuite être produit par un mur sous-jacent, reste d'un précédent édifice, avait brisé toute une bande de près d'un mètre de large. Toute une moitié de la salle, d'un côté de ce plissement, s'était affaissée de 0^m,50, et, naturellement, présentait des gondolements qui contrastaient avec l'aspect uni du reste. Néanmoins, prise dans l'ensemble, l'œuvre était à peu près entière, et l'effet général perd peu à ces quelques mutilations.

Cette pièce capitale est décrite dans le rapport présenté au ministre de l'Instruction publique et des beaux-arts à l'issue des opérations d'enlèvement.

L'entrée intérieure, y est-il dit, se trouvait sur le couloir central, en face de l'abside. Le seuil représentait un tigre et une tigresse, enveloppés des rinceaux d'une vigne, affrontés, séparés par un vase. La tigresse et le vase subsistent; le tigre a péri.

Autour de la salle court une large bordure, d'une admirable exécution et d'un effet décoratif remarquable. Elle se compose, sur un fond blanc, d'une guirlande de feuillages, de fruits et de fleurs. Les feuillages, qui semblent empruntés à l'olivier et au laurier, forment le corps de la guirlande; les fleurs et les fruits, réunis trois par trois en bouquets, alternent irrégulièrement de la manière suivante : oranges ou plutôt coings, roses, figues, marguerites.

Le tableau qu'enferme cette bordure est divisé en médaillons, les uns ronds, les autres hexagonaux, ces derniers formés par le vide que laissent six cercles tangents entre eux. Il y a trente-cinq médaillons ronds, et vingt et un hexagonaux. Quant aux segments coupés par la bordure, ils restent vides quand ils sont inférieurs au demi-cercle. Quand ce sont des demi-cercles, ils sont remplis par un motif toujours le même : deux dauphins enlacés autour d'un trident.

Chaque médaillon est clos d'un cadre décoré, sur fond blanc, d'une guirlande de feuillages analogue à la grande bordure et entourée de deux filets noirs.

Les cinquante-six compartiments sont donc indépendants l'un de l'autre. Chacun d'eux renferme un seul sujet complet. L'ensemble, néanmoins, fait un tableau unique : les déesses de la mer escortant Neptune.

Celui-ci, sur son char attelé de quatre chevaux marins, le bras étendu dans la pose traditionnelle du *Quos ego*, n'occupe pas le milieu de la salle. Là, en effet, est un médaillon rond, c'est-à-dire plus petit que ne le sont les hexagones; et l'on a pris pour placer cette figure, centre réel de la composition, l'hexagone situé au-dessous, auquel on n'a pas mis de cadre, afin d'en augmenter le champ. Dans le cercle au-dessus, centre géométrique, est une figure très soignée, qui ne diffère pas des autres comme composition, mais qui est d'une exécution supérieure au Neptune lui-même; ce peut être Amphitrite, bien qu'aucun attribut ne la distingue des autres Néréides. Les deux figures qui font triangle avec elle autour du médaillon de Neptune sont, comme elle, montées sur une panthère marine. Les trois autres médaillons ronds qui entourent celui de Neptune représentent chacun une sirène tenant un instrument de musique.

Cette disposition des six médaillons entourant le Neptune est la seule trace de symétrie que présente la composition. Il faut cependant ajouter que, sur chacun des grands côtés de la salle, cinq médaillons contiennent, non plus des nymphes, mais des centaures marins.

Les nymphes sont représentées chevauchant des monstres marins.

Ni le sujet ni la composition n'ont rien de bien original. Depuis la frise de Munich, à travers l'art grec, et surtout l'art romain, ces types traditionnels sont reproduits à satiété, particulièrement à l'époque impériale. Le musée de Naples, le Louvre, presque toutes les grandes collections ont leur cortège de Neptune. L'Afrique en a donné plusieurs, et Hadrumète elle-même a déjà fourni une mosaïque analogue. Mais la banalité du sujet est rachetée par le soin de l'exécution, la beauté du dessin et la variété du travail. Cette dernière qualité, qui seule pouvait faire oublier la monotonie de ce motif, une femme sur un monstre, répété quarante-deux fois, frappera dès le premier coup d'œil jeté sur la planche ci-jointe.

D'abord les animaux, tous marins, c'est-à-dire terminés par une longue queue de poisson, pourvus de nageoires, teintés des couleurs verdâtres de la mer, sont d'espèces très différentes. Il y a cinq taureaux, cinq griffons, six panthères, un lion et une lionne, huit chevaux, un capricorne, un cerf, cinq dragons, une chèvre et un bouc, un tigre, un loup, un bélier sans compter les dix centaures marins, les chevaux de Neptune, les sirènes, qui viennent compléter cette faune fantastique.

Ensuite les attributs que portent les personnages sont soigneusement diversifiés. Les centaures tiennent une torche, une ancre, un gouvernail, une houlette, soufflent dans de longues conques turrines, ou agitent les bras. Les nymphes ont un aviron, une houlette, une feuille de lotus, un sceptre, un thyrse, une corne d'abondance, une épée. Elles élèvent des plats ou des vases pleins de fleurs, ou boivent dans un rhyton fait d'une conque. Un grand nombre se contentent de faire flotter une draperie.

Les attitudes sont très diverses, et pour la plupart gracieuses. Coiffures et draperies sont également variées. Quant au costume, une seule des sirènes paraît avoir été vêtue; les autres corps sont nus, plus ou moins enroulés dans des voiles flottants. Bien entendu, il ne faut point chercher, ni dans le jeu de ceux-ci, ni dans les poses des personnages, l'observation de la nature et le mouvement vrai. Tout est de convention, comme toujours dans de pareils ouvrages. Mais tout est élégant et varié, ce qui était le principal, et presque toujours la déesse est jetée d'une manière heureuse sur le monstre marin qui la porte. Il est évident que les cartons qui ont servi aux mosaïstes étaient l'œuvre d'une bonne main, facile et délicate, reproduisant de très jolis modèles, et guidée par un goût assez fin.

Malheureusement, l'exécution est excessivement inégale. Si tous les médaillons étaient traités comme les deux du centre, cette mosaïque serait un incomparable chef-d'œuvre. La finesse extrême des cubes, le relief, le brillant des couleurs, l'élégance des poses et la justesse des physionomies y sont véritablement remarquables. Plusieurs autres médaillons approchent de cette perfection, comme correction et comme fini. Par contre, d'autres sont mauvais. La femme au tigre est affreuse, quoique ses défauts disparaissent par la réduction à une petite échelle. Dans d'autres, un membre, bras ou jambe, se perd derrière la draperie ou le corps du monstre marin, signe de grande négligence dans le travail de l'ouvrier. Cette négligence dénature souvent le dessin, qui devait être bon. Il est manifeste que plusieurs mains ont travaillé ensemble, tout un atelier, une école, et le maître n'a fait que quelques médaillons. Quant aux cadres, ils sont tous d'une même main, et ils ont été faits à part. En détachant la mosaïque, on s'en est rendu compte par l'examen des dessous. Ces cadres sont d'ailleurs parfaits, les feuillages qui les composent étaient plus faciles à rendre que le modelé des chairs nues et le mouvement des animaux.

Chaque mosaïste a travaillé pour son compte, à sa manière. Tout est néanmoins du même style, et, comme de juste, a été fait ensemble.

*
* *

L'Afrique romaine est pavée de mosaïques, on en rencontre à chaque pas, et Hadrumète en a fourni encore plus que les autres villes. Il est certain qu'une école très habile y a travaillé très longtemps. Mais rarement une mosaïque révèle elle-même son âge. Les caractéristiques qu'on a cru établir pour les étapes de cet art sont ce qu'il y a de moins sûr; et en tout cas, si elles s'appliquent plus ou moins bien à l'Italie, elles seraient trompeuses ailleurs. Au temps de l'Empire, en Afrique, la mosaïque était plus un métier qu'un véritable art créateur. Les recettes, les partis pris se transmettaient, sans beaucoup s'altérer, de génération en génération, en même temps que les modèles. Le christianisme même les modifia peu; il ajouta de nouveaux types, mais non de nouveaux procédés, et l'Afrique était depuis longtemps devenue la proie des Barbares lorsque la technique nouvelle et le style propre des Byzantins transformèrent, dans les pays chrétiens, l'art tout entier du mosaïste.

Aussi, pour dater les pavements qui font l'objet de cette étude, leur examen ne suffit pas. Il faut y joindre celui de l'immeuble auquel ils ont appartenu.

Tout d'abord on ne peut douter qu'ils aient été faits tous ensemble. La construction est tout entière d'une seule époque, et cette époque ne peut être très reculée. Aux temps anciens, il n'était guère d'usage, pour les particuliers, dans l'intérieur des villes, d'avoir ces immenses maisons, étalées comme des villas, qu'on trouve aux âges postérieurs. Ensuite la construction est si étrangement mauvaise, si fragile, si misérable, que, même en Afrique, où souvent on est frappé de ce contraste entre la bâtisse et le décor, elle ne saurait appartenir qu'à une époque déjà basse.

Mais voici qui est concluant. Cette maison n'est qu'une reconstruction, elle remplace une maison antérieure, et peut-être même plus d'une. Le pisé mal venu de ses murailles est fait en partie de gravats. Le sol sur lequel reposaient les mosaïques enlevées est tout composé de débris. Des murs anciens s'y sont trouvés. Des morceaux de mosaïques plus fines que celles des corridors et salles, des tessons, des cassures de marbres, des fragments de toute espèce y sont empilés pêle-mêle. J'ai poussé, en certains endroits, la fouille jusqu'à plus de deux mètres au-dessous des derniers planchers sans rencontrer la terre vierge, et sans sortir de ces décombres. Notre habitation avait donc remplacé celle dont les murs se retrouvent, et probablement celle-ci n'avait pas été la première. Comme, d'autre part, tous ces dessous n'offrent aucune trace d'incendie, comme enfin la maison explorée n'a été suivie d'aucune autre, qu'elle n'a pas été remaniée, qu'on n'a pas exploité ses restes, qu'elle gît presque à fleur de sol, les planchers n'étant recouverts que par les matériaux fournis par l'écroulement des salles mêmes, il y a lieu d'inférer sûrement : d'abord qu'une longue période de civilisation romaine a précédé sa construction, et ensuite qu'elle représente les derniers temps de l'occupation.

Ces raisons par elles-mêmes me semblent péremptoires. L'examen des planchers y ajoutera peu, mais il ne les contredit pas.

Les sujets, seuls, ne déterminent rien. Il est probable que le propriétaire était chrétien : dans un des seuils est un poteau en forme de croix. Le Cortège de Neptune est un sujet païen, mais le tableau ne contient rien qui puisse éveiller un scrupule. C'était une œuvre d'art, rien de plus. Quant aux autres, le goût du cirque ne fut pas moins violent au temps du christianisme que sous les empereurs païens. Du reste, païens ou chrétiens, les artistes, et les gens riches qui composaient leur clientèle, adoptaient les mêmes modèles, les mêmes types passés dans l'usage, et datant tous du paganisme. Les génies couronnant des chevaux, les noms d'*Adorandus*, *Pegasus*, n'avaient pour eux, très certainement, aucun sens confessionnel. Rien n'a pu empêcher, aux âges même de ferveur, un fidèle de composer la mosaïque du Haras et celle des Chevaux vainqueurs.

Pour ces deux seules, en effet, il peut être question de composition. Le Cortège de Neptune est une reproduction de cartons de meilleure époque. L'imperfection de cette reproduction dans un grand nombre de parties est un indice de temps peu reculés, son excellence dans les autres est une preuve de la valeur qu'avait l'école d'Hadrumète.

Les mosaïques de cette ville sont parmi les meilleures que l'Afrique ait fournies, au moins l'Afrique tunisienne. Quelques magnifiques morceaux provenant de Carthage les égalent seuls, et sans les surpasser. Mais à Carthage les œuvres des bas temps sont très loin de cette beauté : le dessin n'y est pas demeuré aussi correct et aussi souple; cette technique surtout, très riche quoique simple, qui sait rendre tous les effets avec deux tons pour chaque couleur, tout au plus trois, ne s'y remarque plus. On a admiré à Paris, à l'Exposition universelle, une mosaïque d'époque récente, représentant l'Année, ses Saisons et ses Mois, pièce remarquable apportée de Carthage. Elle est bien au-dessous, au point de vue de l'art, des mosaïques d'Hadrumète.

Par contre, les pièces découvertes dans les autres villes du Sahel, dans les anciennes Emporiae, leur ressemblent étonnamment. Non loin d'Hadrumète, à Leptis, les mosaïques du cimetière chrétien présentent avec celles des nôtres qui ne prétendent pas au grand art une similitude parfaite. Le travail est le même : les tons qui forment la palette de l'artisan sont identiques, leur emploi et leur graduation pareils. Les motifs mêmes de la décoration sont de tradition sur cette côte. L'encadrement ondé de la salle des Chevaux, avec les mêmes couleurs posées de même, se retrouve à satiété sur les tombes; il est typique.

Ainsi l'école d'Hadrumète, à laquelle se sont rattachés les ateliers du littoral, a conservé très tard de très bonnes traditions, et a fleuri jusqu'à la fin de l'âge romain en Afrique. Nous avons dans les mosaïques qui font le sujet de cette étude de fort bons spécimens de son activité. Ces spécimens sont postérieurs aux premiers siècles de l'Empire, et antérieurs aux dalles de tombes dont les Vandales, et plus tard l'invasion arabe, arrêtèrent la fabrication.

M.-R. DE LA BLANCHÈRE.

AFRICAIN SUR SON CHAMEAU

TERRE CUITE TROUVÉE A HADRUMÈTE (*SOUSSE*)

La figurine de terre cuite que la Pl. II reproduit à la grandeur d'exécution provient des fouilles faites dans la nécropole romaine d'Hadrumète par MM. le commandant de Lacomble et le lieutenant Hannezo (1). Elle appartient aujourd'hui au Musée et a figuré au pavillon tunisien pendant l'Exposition de 1889 (2).

Les figurines en terre cuite découvertes jusqu'à présent en Tunisie sont peu nombreuses; nous ne pensons pas qu'on en ait publié plus d'une vingtaine (3). Celles que M. Cagnat a photographiées en 1882 dans la collection Gandolfe à Sousse, et qui proviennent d'Henchir Biniana (4), sont d'un travail assez grossier qui rappelle celui des statuettes gréco-égyptiennes de basse époque conservées au musée du Louvre. M. Cagnat a parfaitement reconnu qu'elles

---

(1) Voy. une relation de ces fouilles dans le *Bulletin archéol. du Comité des Travaux historiques*, 1889, p. 110-130, et la pl. III à la p. 124; une autre planche (II, p. 116) reproduit une peinture murale; une troisième (I, p. 110) donne un plan d'ensemble de la nécropole.

(2) *Exposition du service des Antiquités et des Arts de la Régence de Tunis*, Paris, Imprimerie de l'Exposition, 1889, p. 11.

(3) L. J. F. Janssen, *Terracottas uit het Museum van Oudheden*, fig. 21, 22, 25, 27, 31 (Carthage), fig. 54, 55 (Thysdrus). — Cagnat, *Explorations épigraphiques et archéologiques en Tunisie*, pl. VIII (Thysdrus), IX (provenance inconnue), XIV, XV (Henchir Biniana près d'Hadrumète). — Reinach et Babelon, *Bull. archéol. du Comité*, 1886, pl. I-III (Carthage). — Perrot et Chipiez, *Histoire de l'art dans l'antiquité*, t. III, p. 464, fig. 340 (Carthage). — I. d'Hérisson, *Relation d'une mission archéologique en Tunisie*, pl. I-VII (terres cuites soi-disant trouvées à Utique; la plupart sont fausses ou de provenance italo-grecque). Des terres cuites d'Utique ont été exposées en 1889 par M. Aubert (*Exposition du service*, etc., p. 12). Une belle statuette de style grec archaïque, récemment découverte à Byrsa, a été mentionnée dans la *Revue Archéol.*, 1889, II, p. 417, et publiée *ibid.*, 1890, I, pl. I; cf. *ibid.*, pl. II (*Bulla Regia*).

(4) *Archives des missions*, 3ᵉ sér., t. XI, 1885, p. 27, pl. XIV, XV (= *Explorations*, pl. XIV, XV).

ne sont pas phéniciennes, mais punico-romaines; malheureusement, nous ne possédons aucun renseignement sur les circonstances de leur découverte. Pour les figurines récemment trouvées par MM. de Lacomble et Hannezo, nous avons, en revanche, des informations assez complètes. Les monnaies qu'on a recueillies dans la même nécropole vont d'Antonin le Pieux à Aurélien (1); les caractères épigraphiques des épitaphes appartiennent au II⁰ ou au III⁰ siècle (2); enfin, l'on a trouvé une lampe avec une pièce à l'effigie de Trajan placée tout auprès (3). Bien que ces indications laissent encore une certaine latitude aux appréciations chronologiques, nous pensons qu'on peut s'en autoriser pour considérer l'ensemble de la nécropole comme contemporain des Antonins; c'est donc au II⁰ siècle après notre ère qu'appartiendrait la figurine que nous publions.

Voici comment M. de Lacomble en a relaté la découverte (4) : « Je m'attaquai alors au tombeau en caisson de l'excavation gauche de la chambre du fond placée au-dessus du tombeau de Secundinus. Au milieu de la terre qui recouvrait les tuiles, je trouvai des débris de poterie; c'étaient les fragments d'un cheval. Je ramassai successivement un sujet à peu près intact représentant un homme monté sur un chameau, un autre sujet, un homme à cheval, enfin un bœuf. Toutes ces figurines portaient des traces de peinture. »

La notice de la section tunisienne publiée en 1889 voit au contraire, dans notre statuette, une femme montée sur un chameau (5). Mais il est évident, à nos yeux, que M. de Lacomble a raison, et que le personnage monté sur le chameau est bien un homme. La poitrine est absolument plate; le costume, qui laisse les jambes découvertes et comprend une sorte de pèlerine agrafée sur le sein droit, convient seulement à une figurine virile. Enfin, l'attitude elle-même est celle des chameliers, qui se présentent encore ainsi de nos jours,

---

(1) « La plupart des monnaies trouvées sont frustes... J'y ai lu les noms d'Antonin, d'Aurélien, de Gordien. » (Bull. archéol. du Comité, 1889, p. 111.)

(2) Bull. archéol., 1889, p. 125, 127, 131.

(3) Ibid., p. 130.

(4) Bull. archéol., 1889, p. 121.

(5) P. 11 : « Femme indigène sur un chameau avec sa provision d'eau dans deux cruches ».

avec la jambe gauche passée sur la bosse de l'animal. Les femmes qui montaient à cheval dans l'antiquité étaient toujours assises de côté, sur des *selles à la fermière* (1); les selles anglaises à fourche, si répandues à notre époque, sont un modèle d'invention récente, qui ne s'est guère généralisé avant le XVIIIe siècle.

Nous pouvons d'ailleurs alléguer, comme point de comparaison, une figurine en terre cuite conservée au musée d'Athènes, où elle a été récemment

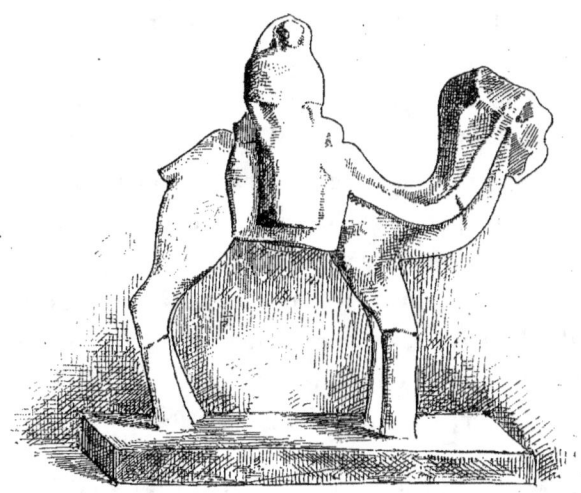

photographiée par M. Pottier : le dessin ci-joint a été exécuté d'après sa photographie (2). On voit une femme, vêtue d'une longue robe pendante, assise de côté sur un chameau bactrien (à deux bosses), qui porte un bât muni d'un rebord élevé. Le bât est relié au nez de l'animal par une large bande d'étoffe ou de cuir, qui forme une sorte de licou (2). Le style de la statuette

---

(1) La collection des terres cuites antiques du Louvre (salle de Tanagra) présente des femmes assises de côté sur des chevaux, des bœufs et des dauphins; jamais leur attitude n'est celle des *amazones* modernes, avec une jambe ramenée vers le cou de l'animal et plus élevée que l'autre.

(2) M. J. Martha (*Catalogue des figurines en terre cuite du musée de la société archéologique d'Athènes*, Paris, 1880, p. 119) décrit ainsi cette figurine sous le n° 596 : « H. 0ᵐ,13. L. 0ᵐ,115. Figurine ébauchée. Femme assise sur un chameau, les bras collés au corps et les mains sur les genoux. Elle porte un long voile

d'Athènes est archaïque; elle provient très certainement de Tégée (Haghios-Sostis), où l'on a découvert toute une série de figurines du même style (1). Il n'en faut naturellement pas conclure que le chameau bactrien existât dans le Péloponèse au IV° ou au V° siècle avant J.-C. Les Grecs voyageaient beaucoup et l'auteur de la figurine du musée d'Athènes a fort bien pu voir des chameaux en Ionie ou dans l'île de Chypre. Dès l'an 549, à la bataille de Sardes, ces animaux avaient figuré dans l'armée de Cyrus (2); à une époque postérieure, mais encore voisine du IV° siècle, appartient une tête de chameau en terre cuite découverte à Chypre et conservée au musée du Louvre (n° 40) (3). On sait que des liens étroits ont existé, à une date fort ancienne, entre l'Arcadie et l'île de Chypre; la ville de Paphos était une colonie des Arcadiens de Tégée (4). Il est donc possible que la statuette d'Haghios Sostis soit l'œuvre d'un Tégéate ayant vécu à Chypre. Quoi qu'il en soit de cette hypothèse, il ne faudrait pas essayer de mettre notre figurine en relations avec la Cyrénaïque, où le chameau bactrien n'a sans doute été introduit que fort tard et où le chameau arabique, le dromadaire, n'existait certainement pas avant l'époque des Ptolémées. Le musée du Louvre possède une intéressante figurine de la Cyrénaïque (5) qui représente un dromadaire agenouillé pour recevoir son chargement; il porte un grand bât fixé par des sangles et formé

qui lui couvre la tête et dont les pans descendent le long du corps. Les pattes du chameau manquent; travail commun. » Il semble donc que les pieds ont été découverts depuis, ou complétés par un restaurateur.

(1) C'est la provenance indiquée par M. Martha, *op. laud.* p. 109, 119. Sur le dépôt de terres cuites découvert à Tégée, voir J. de Witte, *Gazette des Beaux-Arts*, t. XXI, p. 108; Lenormant, *Collection Raifé*, 1870; Pervanoglu, *Nuove Memorie*, p. 72; Lenormant, *Gazette archéol.*, 1878, p. 42. La découverte du groupe que nous publions a été signalée en 1863 par M. Pervanoglu (*Archaeologischer Anzeiger*, 1863, p. 91), dont la notice a échappé à M. Martha. M. Pervanoglu se demande si la figure de femme ne représente pas Cybèle, hypothèse qui nous paraît très invraisemblable.

(2) Hérod. I, 80.

(3) Le harnachement de cette tête est fort curieux. M. Heuzey s'est peut-être trompé en la prenant pour celle d'un cheval « harnaché à la mode assyrienne ». (*Catalogue des figurines antiques*, p. 152.)

(4) Voir, à ce sujet, mon article dans la *Revue des Études grecques*, 1889, p. 225.

(5) La provenance n'est pas absolument certaine, mais l'aspect de la terre concorde tout à fait avec celle que nous indiquons. Cette figurine a été mentionnée par M. Keller (*Die Thiere des klassischen Alterthums*, Innsbruck, 1887, p. 35, note 132), mais avec une erreur : il a confondu celle du Louvre avec la statuette du musée d'Athènes reproduite plus haut.

de pièces de bois horizontales recouvertes d'une housse. Comme cette figurine est encore inédite, nous profitons de l'occasion pour en publier ici un croquis sommaire.

Les deux jarres munies d'anses que porte le dromadaire d'Hadrumète sont fixées à une courroie longitudinale qui passe sous l'encolure et la queue de l'animal; il y avait certainement une autre courroie, formant sous-ventrière, qui était attachée entre la croupe et la bosse et se croisait avec la première. Ces détails de harnachement, bien que peu précis, ne sont pas sans intérêt, parce que nous ne connaissons encore que peu de monuments représentant des chameaux sellés et chargés (1). En dehors de ceux que nous publions avec cet article, les plus intéressants sont trois vases peints où Dionysos, vainqueur des Bactriens, est figuré assis sur un chameau (2), un vase de l'ancienne collection Campana sur lequel nous reviendrons plus loin (3), et, bien qu'il appartienne à une époque tardive, le dromadaire portant des bagages qui est représenté en relief sur la colonne de Théodose à Constantinople (4).

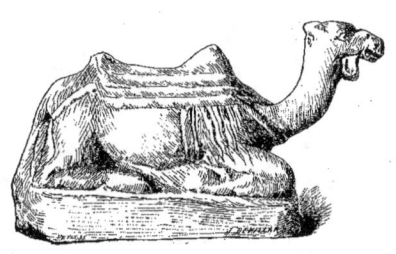

Revenons à l'Afrique romaine, où deux petits monuments en terre cuite méritent encore d'appeler notre attention. Le premier a été découvert par MM. de Lacomble et Hannezo dans la même nécropole d'Hadrumète; c'est un disque en argile où l'on reconnaît, figurée en relief, une course de chars traînés par des chameaux. Le lieu de la scène est un hippodrome; on y distingue un obélisque, des statues et des cavaliers. Ce disque, dont le

---

(1) La plupart de ces monuments sont énumérés par Stephani, *Compte rendu de la Commission de Saint-Pétersbourg pour* 1875, p. 95 et suiv., et par Keller, *Thiere des klassischen Alterthums*, p. 20-36, 327-333. Il y a d'ailleurs, dans l'une et l'autre liste, quelques inexactitudes sur lesquelles il n'y a pas lieu d'insister ici.

(2) *Monum. dell' Instit.*, I, pl. 50 A = *Archaeol. Zeit.*, 1844, pl. 24 = Wieseler, *Denkmaeler*, II, n° 447; *Monum. dell' Instit.*, I, pl. 50 B; Heydemann, *Vasensammlungen zu Neapel*, n° 2086.

(3) Stephani, *Vasensammlung der Kaiserlichen Ermitage*, n° 1603.

(4) Saglio, *Dict. des Antiquités*, fig. 1050.

diamètre atteint 0^m,13, a figuré à l'Exposition et se trouve aujourd'hui au Musée (1).

L'autre objet de provenance africaine dont nous devons dire quelques mots a été découvert par M. le Dr Vercoutre et signalé au Comité par M. de La Blanchère en 1888. Il faisait partie, avec quelques maquettes informes et un grand nombre de lampes de forme primitive, du contenu d'une grotte funéraire des environs de Thelepte qui a été explorée en 1883 (2).

En donnant aujourd'hui un croquis fort exact d'après une photographie de cet objet (grandeur d'exécution), il me semble tout à fait impossible de lui attribuer un nom quelconque tiré du règne animal. On peut même dire que la désignation de camélide, à laquelle avait d'abord pensé M. de La Blanchère, est particulièrement invraisemblable, d'abord parce qu'il y a deux gibbosités, ce qui caractériserait le *Camelus Bactrianus* et non le *Camelus Arabicus*, en second lieu parce que l'encolure souple et allongée, qui est un des traits les plus frappants des animaux de cette famille, fait absolument défaut ici. Que l'auteur de la terre cuite de Thélepte ait eu dans l'esprit un suidé, un bovidé ou tout autre animal, c'est là un document dont il nous semble impossible de rien tirer.

En est-il de même du groupe d'Hadrumète qui fait le sujet de cet article, et qui est sans conteste le plus ancien monument que nous possédions au sujet de l'existence du chameau dans l'Afrique romaine?

Assurément, le rapprochement avec le groupe de Tégée publié plus haut doit nous inspirer beaucoup de réserve : les terres cuites et les moules voyagent, les ouvriers qui les fabriquent voyagent aussi. Mais il y aurait quelque excès à se retrancher derrière ces fins de non-recevoir en présence d'un groupe dont le caractère familier et indigène paraît marqué avec tant de précision. La théorie courante, qui place au IVe ou au

---

(1) *Exposition du Service*, 1889, p. 11. *Bull. du Comité*, 1889, p. 118.

(2) S. Reinach, *Bulletin archéologique du Comité*, 1888, p. 342. J'exprimais des doutes, dans ce rapport, sur la nature de l'animal représenté.

V⁰ siècle après J.-C. l'introduction du chameau en Tunisie (1), est peut-être sujette à revision et ce qui est vrai pour les populations du littoral peut ne pas l'être, au même degré, pour celles qui habitaient l'intérieur.

Que les Carthaginois, les Libyens connus d'Hérodote et les Romains eux-mêmes jusqu'au Ier siècle avant l'ère chrétienne n'aient pas employé de chameaux en Afrique, c'est ce qui ressort incontestablement du silence des textes et de quelques arguments sans réplique que le voyageur Barth (2) et d'autres ont fait valoir. Les historiens nous apprennent que les Romains virent pour la première fois des chameaux dans leurs guer-

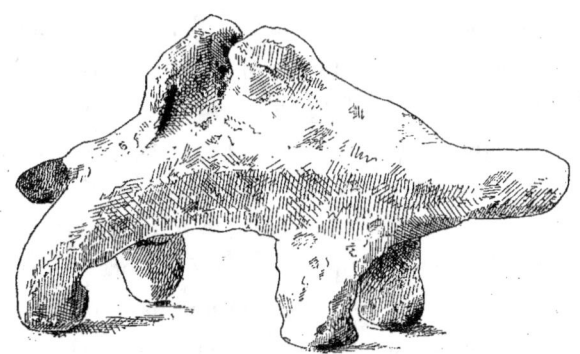

res contre Antiochus et Mithridate (3); donc les Carthaginois n'en avaient point. Le récit que fait Salluste de l'expédition de Métellus contre Capsa (4) et de la difficulté qu'il y trouva à s'approvisionner d'eau, serait inintelligible si le général romain avait eu des chameaux dans son armée. Ce que les textes nous apprennent sur les chars et les chariots dont se servaient les populations africaines (5), exclut l'emploi des chameaux,

(1) Voir le consciencieux exposé de Ch. Tissot, inséré dans la *Géographie de la province romaine d'Afrique*, t. I, p. 349-354.
(2) Barth, *Wanderungen und Entdeckungen*, t. I, p. 214.
(3) Plut. *Lucullus*, XI, 10 (cf. Tissot, *op. laud.*, t. I, p. 349); Tite-Live, XXVII, 40.
(4) Salluste, *Bell. Jug.* LXXXIX-XCI.
(5) *Bell. Afric.* LXXV : *Mercatores qui plaustris merces portabant.* Cf. Sil. Ital. *Punic.* III, 290; Plin. *Hist. Nat.*, V, 2.

qui eussent rendu les chariots inutiles, comme ils en ont du reste fait disparaître l'usage non seulement au moyen âge, mais jusqu'à nos jours. Enfin, l'historien de la guerre d'Afrique raconte que César, lors de son coup de main sur Zéta, s'empara de vingt-deux chameaux dans le camp du roi Juba (1). La faiblesse de ce chiffre, qui ferait sourire un caïd moderne, et la mention même que fait de cette capture l'historien anonyme, prouvent qu'il y avait là quelque chose de peu ordinaire, propre à frapper l'imagination des Romains. Pour trouver des textes formels, irrécusables, attestant l'usage des chameaux dans la Tunisie actuelle, il faut descendre jusqu'à l'époque de Justinien (2).

Les choses se présentent tout autrement dans la Cyrénaïque. Ce pays était, depuis de longs siècles, en rapports suivis avec l'Égypte, où le chameau arabique est devenu fréquent après Alexandre (3). Il est probable que les Ptolémées l'introduisirent en Cyrénaïque (4); l'élevage de cet animal y forma plus tard un des éléments les plus considérables de la richesse (5). La terre cuite du Louvre que nous avons publiée provient vraisemblablement de la Cyrénaïque et doit être fort antérieure à la conquête romaine. Le dromadaire figure sur les monnaies de L. Lollius, le lieutenant de Pompée, monnaies frappées en Cyrénaïque et qui datent du milieu du Ier siècle av. J.-C. (6), c'est-à-dire d'une époque voisine de celle

(1) *Bell. Afric.* LXVIII.

(2) Voir les textes de Corippus cités par Tissot. Dès 370, cependant, on voit le comte Romanus demander 4,000 chameaux aux habitants de Leptis (Ammien Marcellin, XXVIII, 6, 5).

(3) La haute antiquité du chameau en Égypte est très contestée; voir Keller, *Thiere des klassichen Alterthums*, p. 23; Chabas, *Études sur l'antiq. historique*, p. 412; Houghton, *Proceedings of the Soc. of biblical archaeology*, 1889, p. 81-84. M. Maspero pense que dans le texte égyptien où Chabas a cru trouver la mention du chameau, il s'agit plutôt du mulet ou de la mule. Cf. son *Guide au Musée de Boulaq*, p. 417, où est signalée une terre émaillée d'époque saïte qui représente un chameau accroupi chargé de quatre jarres; les autres monuments du même musée qui figurent cet animal sont de basse époque grecque. Voir, en général, Hartmann, *Das Kameel*, dans la *Zeitschrift für Ethnologie*, 1869, p. 70, 232, 353; 1870, p. 123.

(4) Cf. Strabon, XVII, 1, 45.

(5) Synesius, *Epist.* CXXX. Les bas-reliefs tripolitains où l'on voit représentés des chameaux (Tissot, t. I, p. 353) peuvent dater de l'époque de Synésius.

(6) Müller, *Numismatique de l'Afrique*, t. I, p. 154, n° 391; cf. p. 191. Tissot, *Géographie de la province romaine d'Afrique*, t. I, p. 350, fig. 21.

de la campagne de César. Müller, répondant à Cavedoni, a proposé de voir dans le type de ces monnaies un emblème du commerce de la Tripolitaine avec les nations de l'intérieur, hypothèse qui n'est pas à dédaigner, pourvu que l'on admette en même temps, contre Müller, que le chameau existait au Ier siècle dans la Cyrénaïque propre.

C'est ici le lieu de signaler, mais pour en écarter le témoignage, un monument figuré que Ch. Tissot n'a pas connu et qui a été introduit à tort dans le débat que nous résumons. En 1875, M. Stephani a publié un vase peint du Ve siècle av. J.-C., qui a passé de la collection Campana au musée de l'Ermitage, et où l'on voit un jeune homme chauve, armé d'un fouet, qui conduit un chameau à deux bosses (1). L'illustre archéologue russe reconnaissait là « une scène de la vie africaine », et n'hésitait pas à considérer le conducteur du chameau comme un nègre d'Éthiopie. Mais le fait qu'il s'agit d'un *Camelus bactrianus* suffit à rendre cette explication inadmissible. Le prétendu Éthiopien est très probablement un Indien, comme on en voit figurer, à côté de chameaux et d'éléphants, sur les bas-reliefs et les vases représentant le triomphe de Dionysos.

Si, comme les monuments nous disposent à le croire, le chameau était répandu dans la Cyrénaïque à une époque voisine de l'ère chrétienne, il est difficile d'admettre que l'usage de cet animal n'ait pas été accepté par d'autres populations libyennes que le commerce mettait en relations avec celles de la Cyrénaïque (2). L'excellence des routes romaines, où circulaient les voitures et les chariots, l'aura tenu à l'écart de la zone maritime; mais les Gétules, les Garamantes, les Mazices (*Amazigh*) ont pu adopter ce précieux auxiliaire bien longtemps avant le Ve siècle.

(1) Stephani, *Vasensammlung der Kaiserlichen Ermitage*, n° 1063; *Compte rendu de la Commission de Saint-Pétersbourg pour* 1875, pl. V, p. 95 et suiv.

(2) En revanche, le texte de Strabon cité par Tissot (Strab. XVII, 3, 7; Tissot, t. I, p. 349), prouve bien qu'au Ier siècle de l'ère chrétienne les habitants du Sahara occidental, lorsqu'ils franchissaient le désert pour se rendre en Maurétanie, ne se servaient pas de chameaux, mais attachaient des outres remplies d'eau sous le ventre des chevaux qu'ils montaient.

Dans une étude récente sur l'alimentation de l'armée romaine en Afrique (1), M. Cagnat a émis l'opinion que les convois de vivres devaient être distribués aux différents corps de troupes par des caravanes de chameaux dont la conduite était confiée aux auxiliaires.

A l'appui de cette manière de voir, on peut alléguer deux textes qui, bien que très corrompus l'un et l'autre, ne laissent pas de lui donner quelque vraisemblance.

Le premier se trouve dans le fragment *de munitionibus castrorum* qui nous est parvenu sous le nom d'Hygin. La date de ce fragment est fort discutée : si MM. Lange et de Domaszewski le considèrent comme contemporain de Trajan, MM. Lachmann, Gemoll, Foerster, etc., le placent un siècle et demi plus tard (2). Dans le dernier travail publié à ce sujet, M. J. Jung pense qu'il appartient à une époque comprise entre celle d'Hadrien et le milieu du IIIe siècle (3), opinion, comme on le voit, très conciliante. Nous rappelons ces divergences de vues sans y insister, car l'essentiel, pour le problème qui nous occupe, c'est que le texte d'Hygin soit antérieur au Bas-Empire, ce qui n'est contesté par personne. Or, au chapitre 29 de ce fragment (4), il est question des *nationes*, des *statores* et des autres *symmacharii* qui doivent être placés dans la *retentura*. L'auteur ajoute : « Aux chameaux avec leurs conducteurs nous assignerons cinq pieds à chacun. Quand ils doivent marcher à l'ennemi, ils camperont dans la *praetentura* à côté des *classici*; quand ils doivent servir à porter le butin, ils camperont à l'intérieur du *quaestorium*. »

Parmi les *nationes* mentionnées dans ce paragraphe, on trouve les *Gaetuli* et les *Palmyreni* : or, l'histoire de Zénobie nous apprend qu'il y avait des chameaux à Palmyre, et la vraisemblance indique, comme nous l'avons vu

---

(1) *Comptes Rendus de l'Académie des Inscriptions*, 7 juin 1889; *Rev. Archéol.*, 1889, II, p. 153.

(2) Lachmann, dans l'éd. de C. C. Lange, Goetting. 1848, p. 45; Gemoll, *Hermes*, t. XI, p. 178; t. XV, p. 247; Foerster, *Rhein. Museum*, 1879, p. 237.

(3) J. Jung, *Wiener Studien*, t. XI, p. 153-160.

(4) *Hygini gromatici liber de munitionibus castrorum*, herausgegeben und erklärt von Alfred v. Domaszewski, Leipzig, 1887, p. 16.

plus haut, que les *Gaetuli* n'en étaient pas dépourvus dès le second siècle. Malheureusement, le seul manuscrit d'où dérivent toutes nos copies d'Hygin, l'*Arcerianus*, ne porte ni *Gaetuli* ni *Palmyreni*, mais *Getati* et *parmyrent*. La seconde correction a été faite très anciennement; à *Getati*, on avait toujours substitué *Getae*, jusqu'à ce que M. Mommsen, dans l'*Hermès* (1), proposât la correction *Gaetuli*, qui a passé dans l'édition de Domaszewski. La même édition donne *camelis cum suis epibatis*, que nous avons traduit par « aux chameaux avec leurs conducteurs »; l'*Arcerianus* porte *camillos cum suis ebimmatis*, texte inintelligible qu'on a corrigé il y a longtemps, mais avec une vraisemblance qui n'atteint pas à la certitude. On voit que si le texte d'Hygin paraît décisif pour la thèse de M. Cagnat, c'est seulement dans la condition où l'ont mis les conjectures de ses éditeurs successifs.

Le second passage se trouve dans l'*Epitome* de Végèce, livre qui appartient au milieu du Ve siècle (2), mais qui met en œuvre des documents antérieurs. Voici la traduction de ce texte, faite sur la dernière édition publiée par M. C. Lang (3) : « Quelques nations parmi les anciens ont mis des chameaux en bataille, comme (4) les Urcilliens en Afrique ou les autres Mazices, et ils en mettent en bataille aujourd'hui encore. » On ne sait pas ce que sont les *Urcilliani* et les manuscrits fournissent beaucoup de variantes à ce mot, mais il paraît cependant devoir être maintenu, puisqu'il est question d'une *Urceliana manus* dans la *Johannide* (5). Quant aux *Mazices*, leur nom se trouve dans un seul manuscrit, mais il est diversement corrompu dans tous les autres. D'autre part, si notre traduction fait dire à Végèce que les peuplades indigènes de l'Afrique ont anciennement mis des chameaux en bataille et qu'elles conservent cet usage,

---

(1) Mommsen, *Hermes*, t. XIX, p. 223.
(2) Cela paraît avoir été établi définitivement par M. Seeck, *Hermes*, t. XI, p. 61-83.
(3) *Flavi Vegeti Renati Epitome rei militaris*, rec. C. Lang, Leipz. 1885, p. 115, lib. III, c. 23.
(4) Je traduis comme s'il y avait *ut*, leçon d'un des manuscrits. *Et*, leçon adoptée par M. Lang, me paraît inadmissible; on pourrait traduire par *ainsi que*.
(5) Corippus, ed. Petschenig, lib. VI, v. 390 (Berlin, 1886).

cette traduction elle-même n'est pas la seule que comportent les leçons des manuscrits. On pourrait traduire aussi : « Quelques nations de l'antiquité (allusion aux Perses du temps de Cyrus) ont mis en bataille des chameaux ; aujourd'hui quelques peuplades de l'Afrique font de même. » Il ne faut donc pas en conclure que, suivant Végèce, l'usage du chameau de guerre soit très ancien en Afrique, mais seulement qu'à son époque, plus voisine de celle de la *Johannide* que de celle d'Hadrien, les populations libyco-berbères employaient cet animal. C'est ce dont on pouvait bien se douter en voyant quelle place le poème de Corippus, écrit vers 548, fait au chameau dans les mœurs des tribus libyques (1). Avouons donc que le texte de Végèce ne nous apprend pas grand'chose que nous ignorions.

On le voit, la question est nettement posée, mais les matériaux font encore défaut pour la résoudre d'une manière précise. A ceux qui allégueraient la terre cuite d'Hadrumète, on peut toujours répondre, non sans vraisemblance, qu'elle représente un indigène de la Cyrénaïque et non pas un Africain de la Province. La course de chameaux dans un cirque, figurée sur un bas-relief de même provenance, a évidemment encore moins d'autorité. Il faut savoir attendre de nouvelles découvertes, archéologiques ou épigraphiques, avant d'affirmer que le chameau domestique ait été d'un usage commun en Tunisie dès le milieu du IIe siècle après notre ère.

SALOMON REINACH.

(1) Voir aussi Procope, *De bello Vand.*, I, VIII, 10, et les passages cités par Tissot, *op. laud.*, t. I, p. 352 et suiv.

MONUMENTS DU CULTE CHRÉTIEN.

I.

CUVETTE DE FONTAINE ET JAMBAGE D'AUTEL.

Le fragment figuré dans la planche III provient des environs de Zaghouan, d'où il a été apporté par un ouvrier en 1889. Il est en pierre calcaire fort dure, et assez grossièrement travaillé; la tranche qui porte l'inscription est seule parée, et ravalée assez exactement. Il représente un peu plus du quart d'une table, épaisse d'à peu près 0^m,15, et qui devait constituer un rectangle d'environ 0^m,80 sur 0^m,65, le centre étant creusé en forme de cuvette d'environ 0^m,42 de diamètre.

Cette table, sur la tranche de laquelle est gravée l'inscription GLORIA IN EX [*celsis Deo*], ne peut, en raison de la forme accidentée de sa surface, être considérée comme une table d'autel. J'inclinerai à y voir le dessus d'une de ces fontaines (*canthari, phialae*), qui se trouvaient ordinairement à l'entrée des églises, au centre de la cour, ou *atrium*, qui les précédait.

La cuvette pouvait être percée à son centre d'un trou qui laissait passer un jet d'eau. On pourrait supposer aussi quelque autre disposition, quoique celle-ci soit la plus simple. Les trous ménagés aux quatre coins auraient servi à recevoir des colonnettes en marbre, en métal, ou même en bois, sur lesquelles reposait le petit toit ou la petite coupole qui recouvrait la fontaine. Ce serait en petit une disposition analogue à celle du *cantharus* de Saint-Pierre de Rome, dont il nous reste quelques descriptions, et même un dessin (1).

---

(1) De Rossi, *Bullettino*, 1881, pl. V, 1; Duchesne, *Le Liber pontif.*, t. I, p. 266, note 23.

Quant à l'inscription, bien qu'elle ne soit que la reproduction d'une formule très connue, elle est loin de manquer d'intérêt.

Ce n'est pas la première fois qu'on signale en Afrique des marbres portant le début du Cantique des Anges.

Un fragment actuellement conservé au musée de Marseille, mais provenant de Carthage, présente, en lettres cursives (1), les mots... GLORIA IN... DEO ET...

A Ammaedara (Haïdra), on lit, sur deux chapiteaux de colonne, dans une basilique chrétienne (2) :

```
GLORIA IN EXCEL            HOMINIB
SIS DO ET IN TE            BONE BOLV
RRA PAX                    MTATIS
```

A Chusira (Kessera), sur un marbre dont la forme indique une provenance du même genre (3) :

.....ELSIS DO ET IN TERR (a) PAX ☧

En Numidie, entre Constantine et Tebessa, sur une pierre qui semble avoir fait une partie d'un linteau de porte dans une église (4) :

```
GLORIA IN EXCELSIS DEO ET IN
TERRA PAX HOMINIBVS BONAE VOLON
TATIS — HAEC EST DOMVS DEI
```

Enfin, dans la même région, dans les ruines d'une église (5) :

```
GLORIA IN EXCELSIS DEO
PAX IN TERRA HOMINIBVS
BONE VOLVM (tatis) SPES IN
DEO SEMPER
```

(1) Le Blant, *Inscr. chrét. de la Gaule*, t. I, p. 28; *C. I. L.*, VIII, 10549; *Eph. ep.*, t. V, 1172.
(2) *C. I. L.*, VIII, 462.
(3) *C. I. L.*, VIII, 706.
(4) De Rossi, *Bullettino*, 1878, p. 10; *C. I. L.*, VIII, 10642.
(5) *Bulletin du Comité des Travaux Historiques* [Cagnat], 1887, p. 135.

Ces faits suffisent à prouver que le début de l'hymne angélique jouissait en Afrique d'une grande popularité, et que l'on aimait à le reproduire sur les marbres des édifices consacrés au culte.

J'ai dit « le début de l'hymne angélique »; et j'entends par là, non le texte de l'Évangile (1), auquel ce début est emprunté, mais la teneur même du cantique liturgique. L'Évangile en effet porte : « *Gloria in altissimis Deo* »; la variante « *in excelsis* » est propre au texte liturgique et le caractérise.

Le chant du *Gloria in excelsis* à la messe solennelle est une particularité du rit romain. L'Église grecque, qui n'ignorait pas ce cantique, ne l'avait pas introduit dans la liturgie de la messe. Il en était de même dans les églises latines de rit gallican (2). L'Afrique suivait, sur presque tous les points, l'usage de Rome; et il y a lieu de croire que, dans les églises africaines, on chantait le *Gloria*, comme à Rome, aux messes solennelles. Cependant on n'en a pas la preuve directe.

À Rome, le chant du *Gloria* n'est sûrement pas primitif. On le trouve mentionné pour la première fois dans le *Liber pontificalis*, duquel il résulte (3) que l'on commença par exécuter ce chant à la messe nocturne de la fête de Noël, puisque, vers le commencement du sixième siècle, le pape Symmaque ordonna de l'exécuter tous les dimanches et aux fêtes des martyrs. Or la messe nocturne de Noël n'a été instituée, à Rome (4), que postérieurement à la fondation de Sainte-Marie-Majeure, sous le pape Xyste III (432-440). Vers ce temps-là commence pour l'Afrique chrétienne une période de désorganisation et de persécution, pendant laquelle les relations avec Rome sont fort troublées. Il est peu naturel de croire que les institutions de culte aient beaucoup progressé, et notamment que les importations de cérémonies transmarines aient été fréquentes sous le régime vandale. Ce ne serait donc pas avant la paix de l'Église sous Hildéric (523), ou même avant la restauration byzan-

---

(1) *Luc*, II, 14. Cependant, comme la variante *in excelsis* se rencontre dans certains manuscrits, il est à la rigueur possible que l'acclamation épigraphique dérive directement du texte de l'Évangile. Les observations qui suivent sont présentées sous la réserve formelle de cette possibilité.

(2) Voir sur ceci mes *Origines du culte chrétien*, p. 158.

(3) *Lib. pontif.*, t. I, p. 129 et 263.

(4) *Origines du culte chrétien*, p. 476.

tine (534), qu'il faudrait s'attendre à rencontrer des traces du *Gloria in excelsis* dans les usages de l'Église africaine.

Je l'ai déjà dit, ces usages, sur ce point particulier, n'ont aucune attestation directe. Mais la popularité du cantique, démontrée par la reproduction de son début sur les édifices chrétiens de divers lieux d'Afrique, fournit ici un témoignage important.

Cette popularité s'expliquera très bien si l'on admet que le cantique fut adopté, à une époque déterminée, par l'Église africaine, et introduit en tous les diocèses par les soins de l'autorité ecclésiastique. Elle s'expliquera mieux encore, si les circonstances religieuses et politiques dans lesquelles se produisit cette modification de l'usage ancien étaient propres à la recommander au sentiment populaire. Elle ne serait guère explicable, si, pour les chrétiens d'Afrique, le *Gloria* n'avait été qu'un texte liturgique étranger à l'usage du pays, sans relief spécial dans la tradition africaine.

Or je constate que les monuments sur lesquels se lit cette acclamation, autant qu'on en peut déterminer la date, appartiennent tous à la période postérieure aux persécutions vandales. Le premier cité, celui de Carthage, nous offre la croix sous une forme aussi peu dissimulée que possible; il serait difficile de le faire remonter à la première moitié du cinquième siècle; le second, celui d'Ammaedara, provient d'un édifice byzantin, et trahit, par la forme $\Delta = D$, une date postérieure au cinquième siècle; on en peut dire autant de celui de Chusira. Je ne sais ce qu'il en est des marbres numides, sur lesquels on n'a pas de renseignements bien précis; la pierre à propos de laquelle je disserte en ce moment n'offre pas non plus de repère chronologique bien marqué. En tout cas, aucun de ces monuments ne réclame une antiquité plus haute que le sixième siècle.

Je soupçonne donc, sans rien affirmer toutefois, que l'usage de graver sur les édifices chrétiens d'Afrique le début du *Gloria in excelsis* dérive de l'usage de chanter ce cantique à la messe solennelle. Je soupçonne encore que ce dernier usage aura été importé de Rome après la fin des persécutions vandales (523).

Le *Gloria in excelsis*, que les Grecs appellent quelquefois la « Grande-

Doxologie », est un hymne à la Trinité divine. Dans sa rédaction première, qui est originaire d'Orient (1), il était loin d'avoir la teneur orthodoxe, et précise dans son orthodoxie, qu'il reçut à Rome lors de son adaptation à la liturgie de la messe (2). Tel qu'il est, tel qu'on le chantait à Rome au cinquième siècle, et à Carthage au siècle suivant, il se prêtait aisément à exprimer le triomphe de la foi traditionnelle sur l'hérésie arienne. La faveur qu'il rencontra si vite en Afrique se rattacherait aisément à l'idée de le considérer comme l'hymne de la victoire remportée par la foi et la constance des chrétiens romains sur l'hérésie des conquérants barbares. Dans ces conditions on s'expliquerait sa popularité.

Mais je m'aperçois que je m'engage, de déductions en déductions, dans des voies où les personnes sceptiques me reprocheraient de poursuivre des hypothèses plutôt que des réalités.

*
* *

Quant à la pierre ornée d'une palme que surmonte la croix monogrammatique accostée des lettres α et ω et inscrite dans un cercle, je crois, à en juger par ses dimensions, que c'est un pilier d'autel, analogue à ceux que M. de Rossi a publiés dans son *Bullettino* de 1875, pl. 9. Ces derniers avaient été trouvés à Baccano, sur la voie Cassia. On y voit figuré le monogramme du Christ sous une forme plus ancienne ⳨, aux deux extrémités d'un cep de vigne. Ici le cep de vigne est remplacé par une palme et le *signum Christi* est représenté en haut seulement. Je ne saurais dire ce que c'est que l'ornement qui le surmonte; il est probable que c'est un ornement de fantaisie, sans aucune intention symbolique.

(1) Les Orientaux, ceci résulte de la place à laquelle cette hymne figure dans les *Constitutions apostoliques*, s'en servaient comme cantique matinal. Cet usage doit être rapproché de ce que dit Pline (*Ep.* X, 96) sur le service religieux des chrétiens de son temps : « quod essent soliti stato die ante lucem convenire carmenque Christo quasi deo dicere. » Le *Gloria in excelsis* mentionne très rapidement le Saint-Esprit; Dieu le Père, et surtout le Christ fils de Dieu, y ont un tout autre relief.

(2) Sur ce point, voy. *Origines du culte chrétien*, p. 158.

La pierre, qui a 0^m,77 de hauteur, et qui a la forme d'un parallélépipède rectangle, porte sa décoration sur une des petites faces, et non sur une des

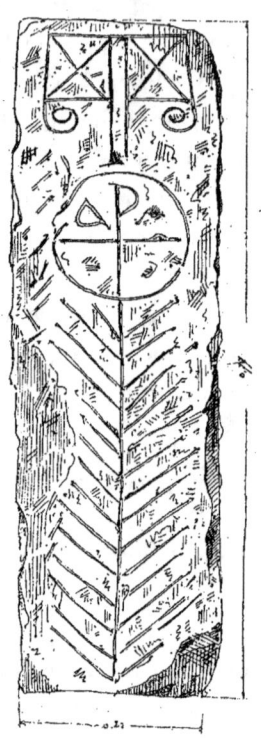

grandes, ce qui tend à confirmer l'hypothèse émise ci-dessus au sujet de sa destination. Elle était conservée au Bordj de Ghardimaou depuis les premiers temps de l'occupation française, ayant été découverte aux environs, où se voient les restes d'une petite ville ancienne et de sa nécropole. Elle a été transportée au Bardo en 1888.

L. Duchesne.

II.

CUVE BAPTISMALE, FRAGMENT DE TABLE, PIERRE TOMBALE.

Aux monuments étudiés ci-dessus par M. l'abbé Duchesne, je demande la permission d'en joindre trois autres, du même âge, qui offrent aussi de l'intérêt, et sont également inédits.

*
* *

Le premier provient de Meninx (El Kantara), dans l'île de Djerba (1). C'est une Cuve baptismale, aujourd'hui reconstituée dans le vestibule du

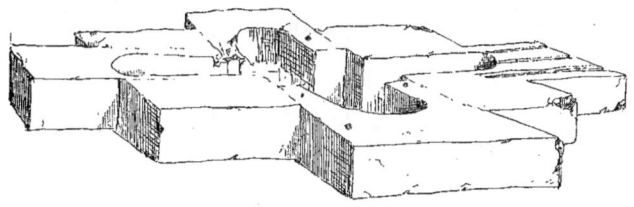

Musée. Elle est faite de huit pièces de marbre blanc, quatre se plaçant en croix, les quatre autres les cantonnant. Le tout était évidemment emboîté dans une maçonnerie. Ces morceaux sont fort gros : le plus petit n'a pas loin d'un demi-mètre cube, le plus grand a tout près d'un mètre. Il est probable que cet ensemble, avec le blocage qui le complétait, était placé, dans le baptistère d'où il provient, soit au ras du dallage, comme c'est le cas ordinaire, soit avec une saillie égale à une marche, ainsi qu'il a été remonté au Musée.

Dans chacun des quatre grands blocs, qui constituent la cuve même, est

---

(1) Ch. Tissot, *Prov. rom. d'Afr.*, II, p. 788, avec bibliographie complète.

évidée une descente de trois degrés, comme on le voit dans la coupe ci-contre; et, comme le montre le plan, ces quatre blocs dessinent une croix aux branches égales. Cette disposition mérite qu'on la note.

En effet, l'agencement général paraît bien marquer l'intention de dessiner

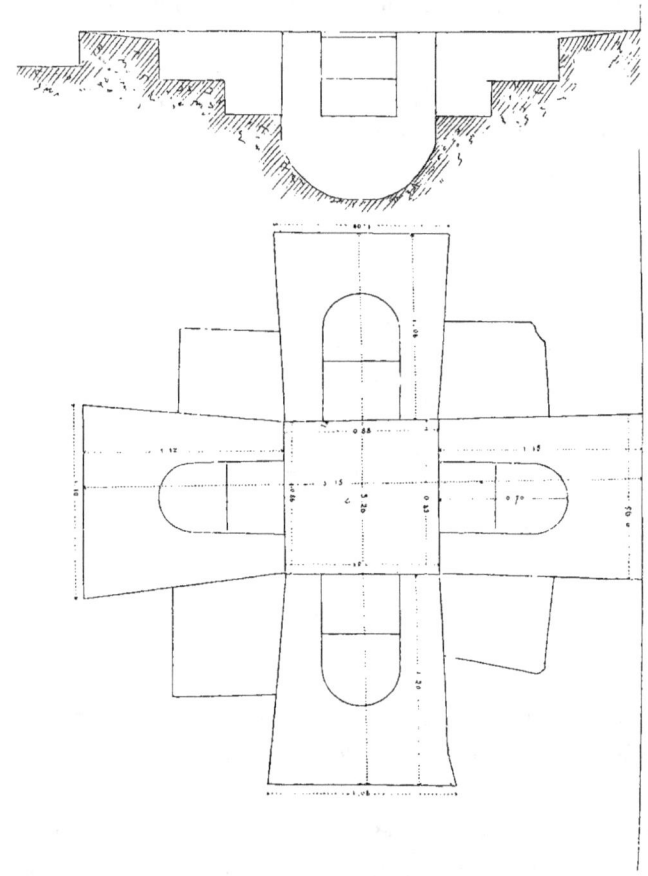

la croix sur le sol extérieurement au récipient. Si c'est un fait que j'observe pour la première fois en Afrique, cela est dû sans doute au hasard; car la forme cruciale était recommandée comme la forme ronde (1). Mais cette in-

(1) Greg. Tur., *De glor. martyr*, I, 24.

dication, semble-t-il, devait plutôt se rapporter au vide même du bassin qu'au massif. Or, ici, le vide entre les escaliers est carré, figure que je n'ai jamais rencontrée.

Les baptistères plus ou moins intacts sont très nombreux en Afrique. Il n'y a pas de ville où, près des basiliques, pas de ruine rurale où, près de l'église, on n'aperçoive les débris de cette annexe, le plus souvent très humble; et la cuve est, presque toujours, ce qui s'en est le mieux conservé. La plupart du temps, c'est un trou circulaire, maçonné, revêtu d'un enduit ou d'une mosaïque. Dans bien des cas, cette mosaïque est blanche comme celle de certaines baignoires dans les thermes d'installation modeste; dans quelques autres, elle offre des sujets. Un des plus jolis types de cette dernière espèce était celui qu'on mit au jour à Sfaks, il y a quelques années, et qu'on détruisit follement. Le revêtement intérieur était fait de mosaïques brillantes : au fond, un chrisme magnifique; sur le pourtour, des ornements divers, notamment des poissons; d'autres, sur les petits gradins que descendait le néophyte. Rarement ces sortes d'ouvrages paraissent avoir été polygonaux, hexagones ou octogones, épousant alors le plan de l'édifice qui les couvrait (1).

La forme carrée du fond provient probablement ici de la simple juxtaposition des quatre bras de la croix, qui donne naturellement cette figure.

Le monument est fort grossier. Aucun des morceaux symétriques ou correspondants n'est pareil : tout est taillé et joint à l'œil; malgré la petitesse de l'échelle, on s'en rendra compte sur le plan. Les marbres dont se sont servis les ouvriers sont de belles pièces, mais n'ont été extraits ni apportés exprès. Ils viennent, comme beaucoup de matériaux, précieux ou non, à cet âge, d'édifices plus anciens dévastés. On y voit des trous de scellement ou d'implantation qui n'ont pas soutenu un dais ou quelque autre abri, car ils ne se répondent point. L'une des surfaces porte de grandes rainures, qui n'ont pas pour fonction d'écouler dans la cuve les eaux égarées, mais qui se trouvaient dans le bloc alors qu'on l'a réemployé. Un des dés présente même, à

---

(1) Telle est la figure des plus célèbres baptistères, de ceux qui sont partout cités (voy. Martigny, *Dict. des Ant. chrét.*, s. v.), ceux de Florence, de Pise, de Vérone, de Fréjus, de Sienne, d'Aquilée, etc.

son bord inférieur, caché par conséquent dans le sol, un rang de rais de cœur, preuve certaine de sa première destination.

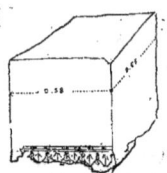

Nous sommes donc encore en présence, comme tant de fois aux basses époques, d'un travail hâtif et barbare, fait aux dépens des bâtisses plus vieilles qu'on exploitait comme des carrières.

On ne manquera pas de remarquer que cette piscine n'est point disposée, quant aux degrés, comme l'indique Isidore de Séville (1). Il n'y a pas six marches, trois à droite pour entrer, trois à gauche pour sortir, et une septième par côté sur laquelle monte le baptisant. On voit au contraire, sur chacun des quatre flancs, un petit escalier tout semblable aux trois autres.

Découvert dans les premiers temps de l'occupation française, le monument fut apporté à La Goulette par une de nos canonnières. Débarqués en tas, ces cubes énormes ont attendu sept ans qu'on pût les amener au Bardo. La matière est un marbre assez beau, qui n'existe pas en Afrique, et qui peut-être était venu de Luna.

***

Le second objet, qui provient de l'ancienne collection du Kef, n'est qu'un fragment. C'est une pierre grossière, morceau de calcaire dur taillé sommairement, sur la tranche duquel se lisent quelques lettres de $0^m,11$. Ce débris lui-même n'est long que de $0^m,55$ sur $0^m,24$ de haut. Il n'a plus aucune de ses faces latérales, sauf ce qui reste de l'inscription.

---

(1) Isid. Hisp., *De divin. off.*, I, 24.

Par sa forme, on voit sans nul doute que cette face était le bord d'une table.

On y lit, avec certitude,

[a m] ALO LIBERA NOS

« *a malo libera nos,* » variante de la dernière phrase du *Pater,* tel qu'on le dit dans l'Église d'Occident.

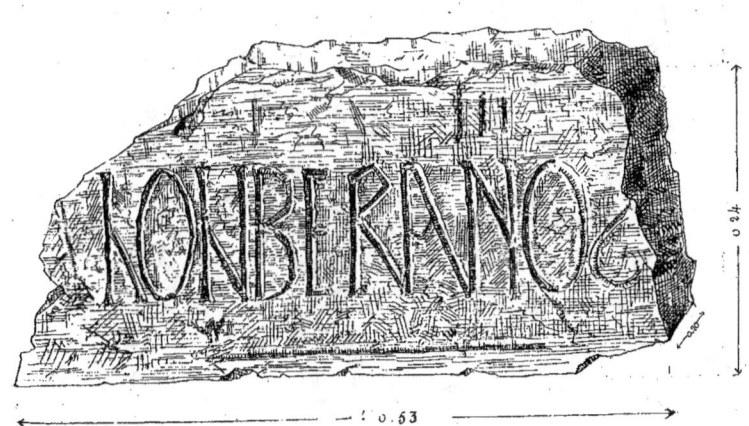

L'antiquité de cette prière, son caractère liturgique, n'ont que faire de ce nouveau témoin; et l'usage des acclamations ou des courts fragments de textes saints placés sous les yeux des fidèles dans les endroits sacrés est trop connu pour qu'on insiste sur cette nouvelle manifestation. L'épigraphe étant mutilée à droite comme à gauche, on ne peut dire si la formule contenait beaucoup d'autres mots; ce qui est probable, c'est qu'un vocatif, *Domine, Deus,* accompagnait cette déprécation. La forme « *A malo libera nos, Domine!* » paraîtrait la plus simple et la plus vraisemblable.

* * *

Voici enfin une seconde inscription, trouvée également à Sicca Veneria (Le Kef), hors de la ville, à la basilique connue sous le nom de Ksar el Ghoula.

C'est, suivant toute apparence, un dessus de tombe, préparé, mais qui n'a pas servi. En effet, entre une double réglure prolongée tout le long de la ligne dont ces lettres n'occupent que le commencement, on lit les mots EN‑IRENE. Il n'a pas été écrit autre chose. Bien que la dalle soit incomplète, personne ne saurait s'y tromper.

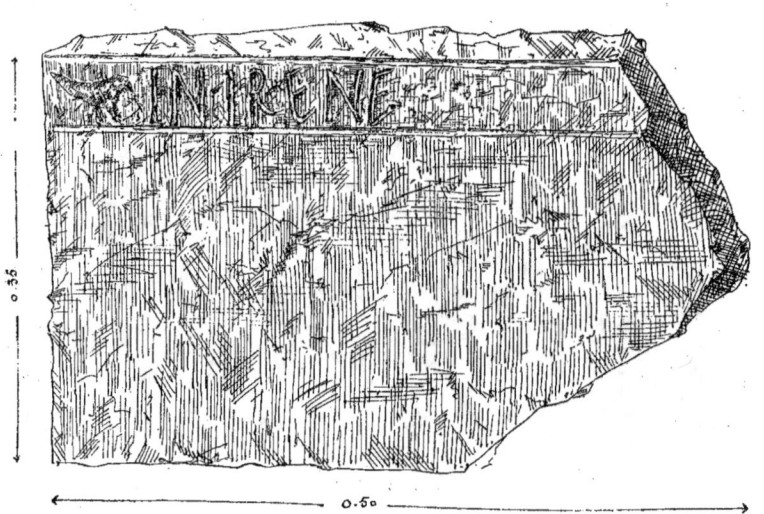

Les épitaphes en grec ne sont pas très communes en Afrique; beaucoup d'entre elles étaient, comme ce début, transcrites en lettres latines, et souvent tout le grec se borne à cette formule initiale. On voit que leur usage était assez répandu, chez les chrétiens de Sicca, pour que les fabricants en eussent de toutes prêtes, faites d'avance, exactement comme les IN PACE en latin, au moins à l'époque byzantine.

Les réglures et les caractères sont passés au minium; la matière est le calcaire du pays.

R. B.

TABELLA DEVOTIONIS

DE LA NÉCROPOLE ROMAINE D'HADRUMÈTE (*SOUSSE*)

La pièce qui fait le sujet de cette notice a été trouvée en 1889 par M. Hannezo, lieutenant au 4ᵉ régiment de tirailleurs, dans un des cimetières antiques d'Hadrumète, qui s'étend le long de la route de Sousse à Kairouan, et qui a fourni à M. le commandant de Lacomble la matière de fouilles très fécondes. Cette nécropole est d'âge romain. Elle a été précédée par celle dont l'emplacement est occupé aujourd'hui par le camp. Ce premier champ de sépultures remonte à l'époque punique : on a lieu de croire qu'il a servi pendant à peu près deux cents ans à partir du milieu du IIᵉ siècle av. J.-C., par conséquent des environs de la chute de Carthage aux environs de l'ère chrétienne. Au contraire, la nécropole d'où provient notre monument date, pour une partie, du IIᵉ siècle ap. J.-C., et a grandi encore pendant tout le IIIᵉ. Ses tombes les plus anciennes sont les moins éloignées; elle s'est, avec le temps, allongée des deux côtés de la grande route. La plaque de plomb reproduite, grandeur d'exécution, pl. IV, provient d'un des tombeaux les moins récents, d'un de ceux qui garnissent, presque à la sortie d'Hadrumète, le terrain dit camp Sabatier. Elle a été trouvée dans les déblais des fouilles précédentes, où elle avait échappé aux regards. Elle a toute chance d'appartenir à la seconde moitié du IIᵉ siècle.

I

Cette *tabula devotionis* vient augmenter une intéressante série d'incantations déjà connues, et sur lesquelles on peut consulter Wordsworth, *Frag-*

ments and specimens of early latin, p. 230 et 486 (1). On trouve ordinairement ces incantations dans les tombeaux. Profitant du départ d'un mort pour le royaume des ombres, on lui donnait à emporter dans son cercueil la lame de plomb adroitement roulée et adressée aux dieux infernaux. De cette façon la missive était sûre d'arriver à destination, et la vengeance qu'on voulait exercer contre un ennemi, un rival, s'exécutait d'une façon commode et sûre, sans que personne connût l'auteur du maléfice. Les femmes, semble-t-il, usaient surtout de ce mystérieux moyen de nuire.

Ce que la tablette tunisienne a de particulier, c'est d'abord qu'elle écrit le latin en caractères grecs, et ensuite qu'elle mêle aux superstitions déjà connues des formules égyptiennes et hébraïques. Elle a pour auteur une certaine Septima, fille d'Amœna, qui en veut à Sextilius, le fils de Dionysia. Mais elle va moins loin dans ses malédictions que la plupart de ses collègues en sorcellerie. Elle ne demande pas que Sextilius soit mis à mort, elle ne jette pas un sort sur les différentes parties de son corps, elle ne veut pas qu'il devienne semblable à un cadavre : elle prétend simplement qu'il ne dorme plus, consumé d'amour et de désir pour elle. Il s'agit donc d'une querelle d'amoureux, tous deux appartenant au monde de la servitude. C'est seulement dans le cas où cette sommation resterait sans effet, que l'amante offensée recourrait à une vengeance effective, mais alors contre le dieu demeuré sourd à ses prières. A ce moment, par un hardi changement dans la rédaction, ce n'est plus la femme qui parle, mais la puissance infernale elle-même.

αδ [ιουρο]........ περ μαγνουμ δεουμ ετ
περ ανθερωτας ‡ ετ περ εουμ κουι αβετ
αρχεπτορεμ σουπρα χαπουθ ετ περ σε
πτεμ σθελλας ου ‡ θ εξ κουκ ορα
5   ογ com͞ποσουερο νον δορμιαθ Σεξ

---

(1) Il faut ajouter deux incantations osques, l'une et l'autre trouvées à Capoue; Zvetaïef, *Sylloge*, n° 49 et 50. Grâce à d'obligeantes indications de M. Cagnat, nous pouvons en joindre plusieurs autres, dont il sera question plus loin.

DE LA NÉCROPOLE ROMAINE D'HADRUMÈTE.

τιλλιος Διονισιε φιλιους ουραθουρ
φουρενς νον δορμιαθ νεκουε σεδεατ
νεκουε λοκουατουρ σεδ ιν μεντεμ. αϐ
ιατ με Σεπθιμαμ. Αμενε φιλια ουρα
10   θουρ φουρενς αμορε ετ δεσιδεριο
μεο ανιμα ετ χορ ουραθουρ Σεξτι
λι Διονισιε φιλιους αμορε ετ δεσιδε
ριο μεο Σεπτιμες Αμενε φιλιε του αου
τεμ Αϐαρ Βαρϐαριε Ελοεε Σαϐαωθ
15   Παχνουφυ Πυθιπεμι φαχ Σεξτι
λιουμ. Διονισιε φιλιουμ. νε σομνου
μ. χοντινγαθ σεθ αμορε ετ δεσιδε
ριο μεο ουραθουρ ουιιους σιπιριτους
ετ χορ χομϐουραθουρ ομνια μεμ.
20   ϐρα θοθιους χορπορις Σεξθιλι Διονισιε φιλιους σι μινους δεσχενδα ιν α
δυτους Οσυρις ετ δισσολουαμ. θεν
θαπεεν ετ μιτταμ ουθ α φουλ
α φλουμινε φερατουρ
25   εγω ενιμ. σουμ. μαγνους
δεχανους δει μαγνι δει
ΑΧΡΑΜΜΑΧΑΛΑΛΑ (1).

Ce qui, transposé en latin, doit se lire :

« Adjuro....... per Magnum Deum et per Anterotas et per Eum qui habet
« accipitrem supra caput et per septem Stellas, ut, ex qua hora hoc compo-
« suero, non dormiat Sextilius Dionysiae filius, uratur furens, non dormiat
« neque sedeat neque loquatur, sed in mentem habeat me Septimam Amoenae
« filia; uratur furens amore et desiderio meo, anima et cor uratur Sextili

---

(1) Le texte présente quatre ratures : à la ligne 2, où une lettre a été effacée entre ανθεροτας et ετ; à la ligne 4, où une autre a été biffée entre ου et θ; à la ligne 23, où l'écrivain avait commencé à mettre *a fulmine* au lieu de « a flumine », et, s'apercevant de son erreur, a rayé les lettres α φουλ ; à la ligne 27, où il a rayé également la barre qu'il avait mise au premier λ de λαλα, dont il faisait ainsi un α; et deux surcharges, un π parasite à *compposuero* et le ρ d'*Abar* oublié d'abord.

« Dionysiae filius amore et desiderio meo Septimes Amoenae filiae. Tu autem,
« *Abar Barbarie Eloee Sabaoth Pachnouphy Pythipemi*, fac Sextilium Dio-
« nysiae filium ne somnum contingat, sed amore et desiderio meo uratur,
« hujus spiritus et cor comburatur, omnia membra totius corporis Sextili
« Dionysiae filius. Si minus, descendo in adytus Osyris, et dissolvam τὴν
« ταφὴν, et mittam ut a flumine feratur. Ego enim sum magnus decanus dei
« Magni Dei. Achrammachalala! »

Ce texte appelle un certain nombre de remarques.

Ligne 1. Αδ [ιουρο] très probablement. Le mot est souvent employé en des occasions analogues. Plaute, *Bacch.* IV, 6, 8 : « Per omnes deos adjuro ut tua jam virgis latera lacerentur probe. »

Μαγνουμ Δεουμ. C'est le même « grand dieu » dont il est parlé à la fin. On doit supposer, vu la forme tout égyptienne de la conjuration, que c'est Osiris.

2. Ανθεροτας. Accusatif pluriel de Ἀντέρως, sorte de Cupidon qui venge les amants délaissés ou méconnus (Pausanias, I, 30, 1; VI, 23, 3).

Κουι αβετ αρχεπτορεμ σουπρα χαπουθ. « Celui qui a un épervier sur la tête. » *Arceptor* pour « acceptor », comme on a *frestra* pour « fenestra ». Les mots grecs commençant par ἀρχε ont pu aider à la confusion.

3. Σεπτεμ Σθελλας. Les sept planètes. Ce mélange de croyances astrologiques ne s'est pas encore rencontré dans les *devotiones*.

5. Οχ com*ππ*οσουερο : « j'aurai placé, » et non « composé ».

13. Ici commence la formule égyptienne.

16. Νε σομνουμ χονθινγαθ : « qu'il ne goûte pas le sommeil », comme on dit « contingere cibum ».

Nous réunissons un certain nombre d'observations sur la langue.

L'*u* est régulièrement rendu par ου. On a, par exemple, μαγνουμ δεουμ, ουραθουρ, φιλιους, etc.

L'*e* long n'est jamais distingué de l'*e* bref. L'*o* long est distingué une seule fois : εγω (l. 25).

L'*h* est toujours omise : *abet, ora, oc, abiat (habeat), uiius (hujus)*.

Le *t* est souvent rendu par un θ : ainsi l'on a σθελλας, ουθ, δορμιαθ, ουραθουρ, θοθιους, ανθεροτας, etc.

Le *c* est rendu souvent, surtout au commencement des mots, par un χ. Ex. χαπουθ, χορ, χονθινγαθ, χορπορις, δεσχενδο.

Une forme intéressante est *sipiritus* pour « spiritus ». C'est ainsi qu'on trouve en latin vulgaire *simaragdus*, pour « smaragdus ». D'autres fois le latin vulgaire a tourné la difficulté de prononciation, en plaçant un *i* en tête du mot : *ispiritus* (1).

La grammaire est généralement régulière, sauf en ce qui concerne le subjonctif *abiat* pour « habeat ».

Les cas sont employés correctement, sauf dans certaines appositions : *me Septimam, Amene filia; Sextili, Dionisie filius*, etc. Il semble que les mots *filius* et *filia* tendent à rester invariables, parce qu'ils sont en quelque sorte de style. C'est ainsi que nous avons conservé en français « fils » avec l'*s* du nominatif.

Il est difficile de rien dire de certain sur la nationalité du scribe. Cependant l'habitude d'écrire en latin, et non en grec, se trahit au mot χονθινγαθ, où l'orthographe grecque aurait demandé un γ au lieu du ν (2). On sait que les génitifs comme *Septimes* étaient usités dans tout le monde romain à l'époque de l'Empire.

Le sol tunisien paraît être particulièrement fertile en documents de ce genre (3). Le P. Delattre, dans un même cimetière, en a trouvé une quaran-

---

(1) Schuchardt, *Vulgärlatein*, II, p. 341.

(2) C'est évidemment un homme de langue latine, écrivant pour des gens de basse condition. Par deux fois il oublie d'employer l'alphabet grec ; il écrit *comποσουερο* (l. 5) et φουρενς (l. 10). Quant à Septima, fille d'Amœna, c'est certainement une esclave. Sextilius, qui porte un *gentilicium*, est probablement affranchi. Si sa filiation n'est donnée que par le nom de sa mère, Dionysia, très vraisemblablement esclave, c'est par suite d'une règle souvent observée dans ces conjurations. La filiation féminine est seule indiquée, ainsi que de nos jours chez divers peuples, comme étant la seule sur laquelle il ne puisse y avoir d'erreur.

(3) Cette fertilité tient au fait que l'Afrique est la seule contrée où l'on rencontre fréquemment des nécropoles intactes. Lorsqu'il s'y trouve des groupes de tombes, des quartiers, des cimetières entiers consacrés à des personnes de basse classe, à des esclaves, à d'humbles affranchis, on voit, parmi leur mobilier funèbre, une foule d'objets qui nous rappellent très vivement leur vie de tous les jours. Les pratiques de

taine, et publié jusqu'à six spécimens, tous intéressants, dont quatre en latin et deux en grec (1). On y voit le même mélange de superstitions orientales, égyptiennes et hébraïques, que nous avons constaté plus haut. Deux de ces tablettes se rapportent aux jeux du cirque : les cochers d'une faction désignent nominativement aux puissances de l'enfer, et vouent à toutes sortes d'accidents, les cochers et les chevaux de la faction rivale. La première de ces tablettes commence ainsi :

Ἐξορκίζω σε, νεκυδαίμων ἄωρε, ὅστις ποτ' οὖν εἶ, κατὰ τῶν κραταιῶν ὀνομάτων Σαλϐάλ, Βαθϐάλ, Αυθιερωταϐάλ, Βασυθάτεω... On reconnaît dans ces dénominations les congénères de Belzébuth.

L'autre exécration reproduit le nom de Sabaoth en compagnie de génies à dénominations sémitiques :

Ἔτι ἐξορκίζω ὑμᾶς κατὰ τοῦ ἐπάνω τοῦ Οὐρανοῦ Θεοῦ τοῦ καθημένου ἐπὶ τῶν Χερουϐὶ, ὁ διορίσας τὴν γῆν καὶ χωρίσας τὴν θάλασσαν, Ἰαώ, Ἀϐριαώ, Ἀρϐαθιαώ, Σαϐαώ Ἀδωνάϊ...

On voit que ces nomenclatures de mauvais génies étaient familières aux nécromanciens qui faisaient métier de rédiger ces textes. Car il ne faudrait pas croire que la personne intéressée composât elle-même son sortilège; il y fallait sans doute des connaissances spéciales : un certain air d'uniformité montre qu'il existait comme un rituel d'exécration.

Parmi les tablettes trouvées à Bir-el-Djebana, il en est une qui, par son contenu, vient se placer naturellement ici. Elle émane d'une amante malheureuse,

---

sorcellerie auxquelles les *devotiones* doivent leur confection étaient le fait des gens du commun. C'est pourquoi le seul cimetière de Bir-el-Djebana, à Carthage, cimetière occupé par des esclaves et affranchis de l'empereur, en a fourni un plus grand nombre que tout le reste du monde romain. Beaucoup ont dû se perdre et demeurer inaperçues, dans d'autres fouilles africaines; car ces plaquettes de plomb, roulées et quelquefois percées d'un clou, attirent très peu l'attention au milieu des déblais, dans la terre. L'abondance exceptionnelle avec laquelle on les a rencontrées dans les tombes de Bir-el-Djebana tient probablement à ce qu'il était facile de les y introduire après coup. Les unes, en effet, se sont trouvées clouées aux parois de la niche intérieure, et sont, par conséquent, contemporaines de l'ensevelissement. Mais les autres ont pu, une fois roulées, être glissées par le conduit réservé aux libations, conduit qui a servi parfois à insinuer même les cendres d'un mort dans une sépulture étrangère, et qui a pu tout aussi bien devenir, pour de naïfs invocateurs, la boîte aux lettres de l'Enfer. Nous savons que dans l'antiquité il y a eu des gens qui ont violé des tombes pour faire servir les morts à leurs maléfices.

(1) *C. I. L.* VIII, *Suppl.* 12504 et suiv.

nommée *Successa*. S'il faut en croire le P. Delattre, ce n'est pas à un mort ordinaire qu'elle aurait confié son secret message. « Une de ces lamelles, non repliée, semblait avoir été déposée à dessein sur deux crânes, peut-être deux têtes de décapités, car ils n'appartenaient pas à des corps incinérés, et nous n'avons pu trouver à côté des traces de squelettes » (1).

Quoi qu'il en soit, voici la représentation que nous en donne la *Revue Archéologique* :

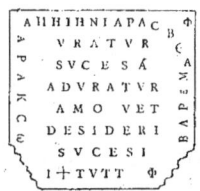

Nous y retrouvons plusieurs des expressions employées par Septima : *uratur, aduratur amore et desiderio*. Je crois qu'en tête figure le nom de celui à qui en veut l'enchanteresse. Je serais donc tenté de lire au commencement *Apeieni* ἀρά, c'est-à-dire « malédiction s'adressant à *Apeienus* (ou quelque autre nom de ce genre). » *Uratur Sucesā* doit s'entendre : « qu'il brûle pour Successa ». Puis, comme l'a vu M. Cagnat : *aduratur amore et desiderio Sucese(s)* (2). A droite, à gauche et au bas se trouve une ligne cabalistique; la même disposition se voit au n° 12504.

En ce qui concerne la langue, nous demandons la permission de rapprocher de la tablette d'Hadrumète une autre plaque conservée à Carthage, au Musée de Saint-Louis :

Te rogo, qui infernales partes tenes, commendo tibi Julia Faustilla, Marii filia, ut eam celerius abducas et ibi in numerum tu abias.

Au verso : *Te rogo, qui infernales partes tenes, commendo tibi Julia Faustilla, ut eam celerius abducas infernales partibus, in numeru tu abias.*

---

(1) Delattre, *Rev. Arch.* XII (1888), p. 174.
(2) M. Mommsen avait traduit : *aduratur, amovet(e) desideri(um) Su(c)ces(s)i.*

Le subjonctif *abias*, la construction *infernales partibus* appartiennent bien à la même langue dont témoigne l'inscription de Septima.

On voit que, par les questions qu'elle soulève comme par les monuments qu'elle rappelle, la nouvelle *tabula devotionis* est digne de fixer l'attention de l'historien et du philologue. Elle vient augmenter le nombre des documents intéressants que le sol si riche de la Tunisie a déjà mis au jour.

Michel Bréal.

II.

La formule est rédigée selon toutes les règles de l'art : obsécration par un certain nombre de dieux compétents en la matière, dénonciation de l'individu contre qui l'obsécration est dirigée, indication de la pénalité qu'il doit subir, introduction des noms mystiques par lesquels le magicien exerce sa puissance sur les dieux, indication nouvelle de la pénalité, enfin menaces contre les dieux s'ils négligeaient d'obéir à l'incantation et d'en exécuter les clauses.

Cette mise en train compliquée était nécessaire au succès de toutes les opérations magiques. Le premier appel, adressé aux dieux sous les noms par lesquels on les connaissait d'ordinaire, avait pour objet d'attirer leur attention sur la personne qu'on recommandait à leur colère ou à leurs soins. Toutefois cet appel aurait été insuffisant, car il ne se distinguait en rien de la formule qu'un profane pouvait leur adresser : ce n'était encore qu'une prière, très forte, il est vrai, dans son expression, mais qu'ils étaient libres d'agréer ou de dédaigner à leur gré, comme les autres prières des hommes. Il fallait, pour les obliger à agir, leur montrer qu'on était maître d'eux, et c'est à quoi servait l'adjuration par mots mystiques. Elle contenait leurs noms réels, « ceux que leur père et leur mère avaient écrits en leur cœur au moment « de leur naissance », et qui étaient la condition même de leur vie.

La vieille Égypte croyait que le nom d'un individu était comme son être réel : qui possédait le nom, il possédait l'être, et s'en faisait obéir sans résistance, comme l'esclave obéit au maître. L'art des magiciens consistait à obtenir des dieux la révélation de ces noms sacrés, et il n'était moyen qu'ils n'employassent pour arriver à leurs fins. Une fois que le dieu, dans un moment d'oubli ou de bienveillance, leur avait enseigné ce qu'ils désiraient, il n'avait plus d'autre ressource que de leur obéir, s'il ne voulait pas être traité par eux aussi durement qu'un esclave désobéisssant par son maître.

Le droit du magicien avait pourtant ses restrictions. Ces noms tout-puissants n'avaient pas été formés au hasard. Chacune des lettres qu'ils renfermaient possédait sa signification et sa vertu, qui concouraient à sa signification générale et à la vertu de l'ensemble : si on en déplaçait une seule ou si on l'omettait, si on ne les énonçait pas avec les pauses et sur le ton convenu pour chacune d'elles, le charme, ou n'opérait pas, ou se retournait contre le maladroit qui osait s'en servir. Comme la plupart des noms étaient composés de lettres sans lien apparent, engagées dans des combinaisons de sons rudes à prononcer, il était rare qu'on parvint à les réciter correctement, et cette difficulté seule suffisait à expliquer l'inutilité bien constatée de la plupart des conjurations.

Si pourtant l'on réussissait à les dire exactement, à l'heure prescrite, avec le geste juste et la voix juste, l'effet en était irrésistible, et les dieux n'avaient plus qu'à obéir. On leur répétait alors le nom de la personne attaquée et ce qu'on voulait d'elle, non plus comme une prière, mais comme un ordre, et on terminait en les avertissant de la punition qui les menaçait s'ils manquaient à leur devoir.

Le texte appartient donc à la magie égyptienne, mais à la magie égyptienne des basses époques, mêlée d'éléments chaldéens, juifs et grecs.

Le *dieu grand* est Osiris, dont l'épithète perpétuelle est *le dieu grand, seigneur de Mendès*. « Celui qui a un épervier sur la tête » est soit Horus, soit *Osiris dans l'Occident, dieu des morts*, qui a parfois, aux temps gréco-romains, l'épervier sur la tête. En revanche, les Antéros, les dieux des amours contrariées, sont d'origine grecque, comme l'Éros des conjurations publiées par Leemans [1]. Les Sept Étoiles appartiennent à la magie chaldéenne. Il est

---

[1] Leemans, *Papyri Graeci*, t. II, p. 11 sqq.

malaisé de distinguer lequel des dieux joue le rôle principal et doit être désigné par les noms magiques du milieu; la mention de la fin, *Si minus descendo in adytus Osyris*, me fait croire cependant qu'ici, comme dans bien d'autres cas, c'est un Osiris.

L'invocation me paraît devoir se lire : *Abar Barbarie Eloee Sabaoth Pachnouphy Pythipemi*. Les derniers mots ont leur équivalent constant dans les formules de même origine. *Barbarie* se rencontre dans les Papyrus de Leyde et de Paris, sous les formes *Barbar, Barbara, Barbarei, Barbare, Barber*, etc. *Eloee Sabaoth* est emprunté aux conjurations juives, et revient, non seulement dans les livres magiques en langue grecque, mais dans les livres écrits en caractères démotiques. *Pachnouphy* est un mot égyptien composé de *Pa*, « celui qui appartient à », et du nom *Khnouphi*, que portent et le vieux dieu Khoumou et le serpent agathodémon à tête humaine; le tout signifie « celui qui appartient à Khnouphi ». *Pythipemi*, où υ est probablement pour *i*, par iotacisme, pourrait répondre à une épithète ⲡⲉⲓ ⲉⲧⲥⲓⲡⲉⲙⲓ, contractée en ⲡⲓⲧⲥⲓⲡⲉⲙⲓ dans la prononciation, et signifiant « celui qui est sur la science, l'omniscient ».

La clause comminatoire est purement égyptienne, et d'usage commun dans les textes de ce genre. Le magicien menace Osiris de descendre dans ses retraites cachées, c'est-à-dire dans la cellule où sa momie repose. Ce qu'il fera est exprimé par deux membres de phrase, ainsi conçus : *dissolvam* θεν θαπεεν, *et mittam ut* αφλουμινεφερατουρ. Pour bien saisir le sens de cette menace, on doit se rappeler que l'Osiris de l'époque gréco-romaine est toujours le dieu des morts. Son cadavre, dépecé par Typhon, a été reconstitué par Isis à grand'-peine; depuis lors, tout le clan de ses dieux amis, Isis, Nephthys, Horus, Anubis, Hermès, ne sont occupés qu'à veiller autour de son tombeau pour empêcher Typhon d'y pénétrer et de détruire une seconde fois la momie divine. Les magiciens profitaient de cet état de choses pour obtenir le concours de toutes les divinités amies d'Osiris. Ils essayaient de s'emparer du cercueil sacré pour s'en servir comme d'un amulette souverain, et menaçaient de le détruire si on leur refusait ce qu'ils demandaient. Βαστάζω τὴν ταφὴν τοῦ Ὀσίρεως, καὶ ὑπάγω καταστῆσαι αὐτὴν εἰς Ἄβιδος, καταστῆσαι εἰς ταστὰς καὶ

κατάθεσθαι εἰς ἀλχὰς· ἐάν μοι ὁ δεῖνα κόπους παράσχῃ, προστρέψω αὐτὴν αὐτῷ. « Je porte
« le cercueil d'Osiris, et je marche pour le déposer à Abydos, pour le déposer
« dans les retraites et dans les demeures éternelles; si *un tel* me cause de
« l'embarras, je tournerai ce cercueil contre lui (1). » Cette incantation me
paraît fournir l'explication du « *dissolvam* θενθαπεεν ». Ces lettres cachent l'expression grecque τὴν ταφὴν, « le cercueil »; mais τὴν ταφὴν n'est pas venu directement d'un original grec. L'orthographe θενθαπεεν pour τὴν ταφὴν montre que
nous avons affaire à une transcription de l'égyptien. Les magiciens de
ce pays mêlaient à leurs prières beaucoup de mots grecs, qu'ils rendaient
tant bien que mal en caractères démotiques, λαμπὰς, κίσσος, etc. La formule
sur laquelle notre incantation a été traduite renfermait l'expression τὴν
ταφὴν déguisée en ⲑⲏⲛⲑⲁⲡⲉⲉⲛ ; le scribe latin n'y a pas reconnu des mots
grecs, et a transcrit lettre pour lettre θεν θαπεεν, prenant $n = \eta$ pour deux j séparés soit pour deux ε. Je traduirai donc à mon tour : *Je briserai le cercueil
d'Osiris*. Cela posé, la phrase suivante se résout aisément. Je la lis : *Et
mittam ut a flumine feratur*, « Je jetterai le cercueil pour qu'il soit emporté par le fleuve ». C'est une allusion directe à la légende d'Osiris : le
dieu avait été enfermé traîtreusement dans un coffre par Typhon, et le coffre
jeté au Nil, qui l'avait emporté jusqu'à la mer, et la mer jusqu'à Byblos, en
Phénicie. La formule comminatoire signifie donc : « Sinon, je descendrai dans
« les arcanes d'Osiris, et je briserai le cercueil et le jetterai pour qu'il soit
« emporté par le fleuve. »

A flumine est un véritable solécisme; mais, en Afrique et dans une conjuration magique, on ne doit pas être trop exigeant sur la langue.

La clause finale, *Ego sum magnus decanus dei Magni Dei*, est encore
une marque d'origine égyptienne. Partout en Égypte, depuis les siècles antérieurs à la construction des Pyramides jusqu'à l'époque byzantine, l'homme
a justifié l'autorité qu'il prétendait exercer sur un dieu en se donnant
comme un autre dieu, plus puissant que lui. Ici il affirme être *le grand décan
du dieu, du grand dieu*. Les notions attachées au mot « décan » dans le langage

(1) Leemans, *Papyrus égyptien démotique*, p. 7 sqq.; ταστὰς et ἀλχὰς sont la transcription en lettres grecques de deux mots égyptiens.

magique du temps où la conjuration fut rédigée sont encore trop mal expliquées pour que je me hasarde à préciser la signification que la phrase comporte en cet endroit. Je crois y voir une allusion au rôle que les décans jouaient autour du tombeau d'Osiris; on les voit à Dendérah et à Philæ, qui montent la garde autour du sarcophage divin en leurs formes demi-humaines demi-bestiales. Leur chef, *le grand décan du dieu grand*, pouvait livrer à qui bon lui semblait l'accès de la chambre funèbre, ou traiter comme il l'entendait les tristes restes qui étaient confiés à ses soins. Le magicien, en s'assimilant à lui, entend montrer aux dieux qu'il ne fait pas de vaines menaces : s'il leur déclare qu'il descendra au tombeau d'Osiris et en arrachera la momie, c'est que sa charge de *grand décan du dieu grand* lui donne l'accès libre auprès du dieu et tout pouvoir d'agir comme bon lui semble. Or, la destruction d'Osiris, c'est le triomphe de Typhon et de ses complices, le renversement de l'ordre établi, l'exil des dieux de lumière, et peut-être leur mort. Plutôt que d'encourir la colère du magicien et de causer leur propre ruine, les divinités invoquées préféreront obéir à son ordre, et tourmenter Sextilius, fils de Dionysia, de la manière qu'il exige.

L'incantation se termine, selon un usage fréquent en pareil cas, par un mot magique : αχραμμαχαλαλα! Ce n'est plus un nom ou épithète de la divinité ou des divinités qu'on invoque : c'est plutôt une injonction dernière, et, d'ordinaire, les syllabes dont ce mot décisif est formé sont choisies de manière à faire sonner la voix qui les énonce et à la porter au loin. La voix humaine est à elle seule un charme puissant, auquel les Invisibles ne peuvent pas résister. Si elle ne produit pas son effet en tout temps, c'est que le commun ne sait pas la manier, et entremêle maladroitement les émissions de façon à neutraliser la valeur des sons l'un par l'autre. Les mots magiques sont composés, au contraire, sur un plan tel que les intonations successives, au lieu de se contrarier, s'appuient et se développent progressivement, jusqu'à donner à la voix du magicien son maximum d'intensité et de puissance, jusqu'à la porter à travers l'espace aux êtres qu'elle doit évoquer.

G. Maspero.

L'INSCRIPTION ALIMENTAIRE

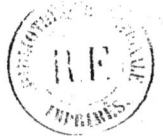 DE SICCA (*LE KEF.*)

Le monument épigraphique reproduit ci-dessous a été publié au *C. I. L.* VIII, 1641. Il a été transporté en 1887 au Musée Alaoui. Il se compose de deux inscriptions, gravées l'une sur la face antérieure, l'autre sur la face latérale droite d'un même piédestal.

Face antérieure.

```
    P.  LICINIO · M.  F.   QVR
    PAPIRIANO       PROCVR
    AVGG. IMP. CAES · M. AVRELI
    ANTONINI · AVG.  GERMANIC
5.  SARMATICI · MAXIMI · P · P · ET
    diVI VERI A RATIONIBVS CVI
    SPLENDIDISSIMVS · ORDO · SICCEN
    SIVM · OB · MERITA · EIVS · ET · CV ·
    · · · M ET · · · · · · · · · · · ·
10. · · · · · · · · · · · · · · · ·
    M  · · N · · · · · · · · · · · ·
    · · · · · · · · · · · · · · · ·
    · · · LEC  · · · · · · · · · ·
15. · · · T    · · · · · · · · · ·
    · II · · · · · · · · · · · · ·
    · · · · · · · · · · · · · · · ·
```

Face latérale.

```
    MVNICIPIBVS   MEIS   CIRTHENSIBVS
    SICCENSIBVS CARISSIMIS MIHI DARE
    VOLO HS |XIII| VESTRAE FIDEI COMMITTO
    MVNICIPES  CARISSIMI  VT  EX  VSVRIS
5.  EIVS SVMMAE QVINCVNCIBVS QVODAN
    NIS ALANTVR PVERI CCC ET PVELLAE CC · PVERIS
    AB ANNIS TRIBVS AD ANNOS XV ET ACCIPIANT
    SINGVLI  PVERI  XIIS MENSTRVOS PVELLAE
    AB ANNIS TRIBVS AD ANNOS · XIII · XII · LEGI
10. AVTEM DEBEBVNT MVNICIPES ITEM IN
    COLAE  DVMTAXAT INCOLAE  QVI  INTRA
    CONTINENTIA  COLONIAE  NOSTRAE  AE
    DIFICIA  MORABVNTVR   QVOS  SI  VO
    BIS  VIDEBITVR  OPTIMVM  ERIT  PER
15. IIVIROS CVIVSQVE ANNI LEGI · CVRA
    RI AVTEM OPORTET VT IN LOCVM AD
    VLTI  VEL DEMORTVI  CVIVSQVE STA
    TIM  SVBSTITVATVR  VT SEMPER PLE
    NVS NVMERVS ALATVR ·
```

Ce piédestal supportait sans doute la statue du citoyen romain dont le nom figure dans la première des deux inscriptions. La pierre ayant été trouvée dans la cour d'une maison particulière du Kef (1), il est impossible de déterminer avec certitude l'endroit précis de l'antique cité où avait été érigée la statue de P. Licinius Papirianus. Il est permis toutefois de croire que cette statue ornait le forum de Sicca Veneria. Pour ne chercher nos termes de comparaison qu'en Afrique, les fouilles de MM. Reinach et Babelon à Gighthis et à Zian ont prouvé que, dans ces deux villes romaines, les images des citoyens qui avaient rendu des services à leur patrie avaient été élevées autour de la place publique.

Les deux inscriptions ne sont pas également bien conservées. Sur la face antérieure sept ou huit lignes seules sont encore lisibles; la dernière partie du texte est indéchiffrable aussi bien sur la pierre que sur les estampages. L'inscription latérale est au contraire absolument intacte et se lit sans difficulté. Par bonheur, elle est de beaucoup la plus intéressante des deux. Il est même probable que les lignes effacées de la première inscription contenaient simplement une de ces formules générales, par lesquelles une ville exprimait sa reconnaissance à ses bienfaiteurs et à ses patrons, en indiquant soit les vertus du personnage auquel le monument était dédié, soit la nature des bienfaits qu'elle en avait reçus. Quoi qu'il en soit, le texte gravé sur la face latérale comble, aussi parfaitement que possible, la lacune de l'autre inscription.

**

Nous avons reproduit plus haut la dédicace d'après la lecture de Wilmanns, vérifiée sur l'original. Les sept premières lignes sont encore suffisamment nettes, à la huitième il nous a été impossible de voir les mots OB MERITA EIVS ET CV; le texte est très effacé. Quant aux lignes suivantes, il est vrai qu'on distingue de-ci de-là quelques lettres isolées, mais ces débris ne sont d'aucun secours pour la reconstitution de la partie illisible.

Le monument est dédié par l'*ordo* municipal de Sicca Veneria à P. Lici-

---

(1) V. Guérin, *Voyage archéologique*, tome II, p. 58.

nius Papirianus, de la tribu Quirina, qui fut *procurator a rationibus* des deux empereurs Marc-Aurèle et L. Verus.

Il est facile de déterminer à quelques années près la date de l'inscription. Le nom de l'empereur Verus étant précédé de l'épithète *divus*, ce document ne peut être antérieur à la mort de ce prince, c'est-à-dire à l'année 169. D'autre part il ne peut être postérieur à la mort de Marc-Aurèle, c'est-à-dire à l'année 180. Mais précisons davantage; c'est seulement en l'année 175 que Marc-Aurèle prit le surnom de *Sarmaticus*, à la suite de son expédition victorieuse chez les Quades, et avant de partir pour l'Orient. Il portait depuis trois ans le titre de Germanicus. C'est donc exactement entre 175 et 180 que l'inscription a été rédigée. Quant aux titres de *Armeniacus*, *Parthicus Maximus* et *Medicus*, on sait que Marc-Aurèle les quitta à la mort de son frère, auquel ils avaient été également décernés.

P. Licinius Papirianus était un citoyen romain de la « *Colonia Julia Veneria Cirtha nova Sicca* »; nous savons par un assez grand nombre d'inscriptions que cette colonie était inscrite dans la tribu Quirina. Le *gentilicium Licinius* n'est représenté dans l'épigraphie du Kef que par un autre citoyen, L. Licinius, L. F., Quir., Rufus Æmilianus (*C. I. L*, VIII, 1736). Quant à P. Licinius Papirianus, quoiqu'il ait occupé une haute situation dans l'empire, il n'est mentionné par aucun autre document épigraphique. Il fut *procurator a rationibus*, sous les deux empereurs Marc-Aurèle et Verus. Ce fonctionnaire était l'administrateur de la caisse centrale impériale. Dans chaque province, les intérêts du fisc étaient confiés à un procurateur; au-dessus des procurateurs provinciaux, à Rome même, le *procurator a rationibus* était, pour ainsi dire, le ministre des finances particulières de l'empereur. Ce poste de confiance avait été d'abord donné à des affranchis exclusivement dévoués à la personne et aux intérêts personnels du souverain. Hadrien remplaça les affranchis par des chevaliers à la tête de tous les grands services de la cour, et en particulier à la tête du département des finances. Désormais les *procuratores a rationibus*, les *procuratores ab epistulis*, etc., furent, non plus d'anciens esclaves, mais des citoyens romains appartenant à l'ordre équestre. Dans la hiérarchie des fonctionnaires de cet ordre, le *procurator a rationibus* était un des plus élevés.

P. Licinius Papirianus, avant de remplir la haute fonction mentionnée par notre texte, dut parcourir une assez longue carrière. Mais son *cursus honorum* n'est pas indiqué sur le monument, et ne nous est pas autrement connu. On voit seulement que né dans une cité provinciale de moyenne importance, il avait conquis une des situations les plus considérables dans tout l'empire. L'épigraphie africaine nous a révélé les noms de plusieurs personnages, originaires, comme P. Licinius Papirianus, d'une petite ville, et qui se sont élevés assez haut dans la hiérarchie administrative du monde romain. De bonne heure ce furent les provinces qui donnèrent à l'empire la plupart et peut-être les meilleurs de ses fonctionnaires.

* *
*

Si l'assemblée municipale de Sicca décréta qu'un monument serait érigé en l'honneur de P. Licinius Papirianus, ce ne fut pas seulement parce qu'il était une des gloires de la colonie africaine. L'inscription gravée sur la face latérale de la base nous apprend qu'il avait fait un legs considérable à sa patrie.

Lorsque les villes et les corporations eurent acquis, sous les Antonins, la personnalité civile, et par conséquent la capacité de recueillir des legs (1), lorsque les cités furent autorisées par le sénatus-consulte Apronien (123) à revendiquer les successions fidéicommissaires, quelques riches citoyens, par vanité sans doute plutôt que par esprit de bienfaisance, léguèrent à leur ville une partie de leur fortune. Le plus souvent, ils indiquèrent en termes formels l'usage auquel ils destinaient leur donation. L'examen détaillé de ces dispositions testamentaires nous entraînerait hors de notre sujet (2). Il con-

---

(1) Ulp., *Reg.* XXIV, 28. — *Dig.*, XXX, 122.

(2) Pour ne citer que les cas analogues à celui de P. Licinius Papirianus, c'est-à-dire les legs de sommes d'argent dont les intérêts doivent être consacrés à un usage fixé d'avance par le donateur, nous renverrons le lecteur à certaines inscriptions d'Afrique et d'Italie : *C. I. L.*, VIII, 262, 924, 1845 ; *Eph. Epigr.* VII, 283. Ces petits bourgeois de province ne songeaient guère qu'à des banquets annuels, à des cérémonies ou à des distributions d'argent commémoratives. Le plus curieux assurément de tous ces legs est le legs d'un

L'INSCRIPTION ALIMENTAIRE DE SICCA.

vient seulement de remarquer que ce que nous appelons en style moderne les fondations philanthropiques sont fort peu nombreuses (1). Or notre texte nous en signale une; c'est là, à notre avis, ce qui en fait, au moins en partie, l'intérêt historique.

Voici la traduction de ce texte :

« A mes concitoyens de Cirtha Sicca, qui me sont très chers, je veux
« donner 1.300.000 sesterces. Je vous confie cette somme, mes très chers
« concitoyens, pour que l'intérêt annuel à 5 % en soit consacré à nourrir
« 300 garçons et 200 filles. Les garçons, de l'âge de trois ans à l'âge de quinze
« ans, recevront chacun deux deniers et demi par mois; les filles, de l'âge
« de trois ans à l'âge de treize ans, deux deniers. Il faudra choisir ces enfants
« parmi les citoyens; on pourra les choisir aussi parmi les simples habitants,
« mais à la condition que ces habitants soient réellement domiciliés dans le
« centre bâti de notre colonie; si vous n'y voyez pas d'objection, le mieux
« serait que les duumvirs de chaque année fussent chargés de ce choix; il
« faudra bien veiller à ce que les enfants parvenus à l'âge adulte ou les en-
« fants morts soient immédiatement remplacés, afin que le nombre des en-
« fants nourris soit toujours au complet. »

*
* *

Nous possédons là le texte même de la donation. Papirianus l'a rédigé avec une très grande précision et en prenant soin d'indiquer en détail toutes les conditions de son legs. Rien n'est laissé par lui à l'arbitraire des magistrats qui administrent Sicca; les termes sont choisis avec une exactitude scrupuleuse, comme il convient pour les instruments juridiques; ceux mêmes qui pourraient donner matière à contestation sont définis par une pé-

---

pharmacien-parfumeur (Wilmanns, 1596). Ce brave homme laisse à son gendre plusieurs centaines de bocaux et 60.000 sesterces, mais à la condition que ce gendre, pharmacien lui aussi, ne fasse pas aux malades indigents de sa petite ville des comptes d'apothicaire.

(1) *C. I. L.* II, 1174; X, 5056, 6328. Ces trois textes épigraphiques, mentionnent des donations faites en vue soit d'instituer dans une ville des *pueri et puellae alimentarii*, soit d'augmenter les aliments qui leur ont été donnés par un premier bienfaiteur.

riphrase : *incolae, dumtaxat incolae qui intra continentia coloniae nostrae aedificia morabuntur.*

Nous n'avons donc, pour étudier ce document épigraphique, qu'à examiner successivement les quelques phrases dont il se compose.

1. « *Municipibus meis Cirthensibus Siccensibus, carissimis mihi, dare volo HS |XIII|. Vestrae fidei committo ut...* »

La formule *dare volo* est la formule habituelle des legs (1). C'est donc bien à la ville de Sicca Veneria que P. Licinius Papirianus donne 1.300.000 sesterces. Mais, comme la suite de l'inscription nous l'apprend, cette somme n'est pas donnée purement et simplement à la colonie; elle n'est donnée que pour un objet déterminé; les administrateurs municipaux ne peuvent pas en disposer à leur gré. Ils n'en sont que les dépositaires. C'est ce que nous indique aussi nettement que possible la seconde formule : « *vestrae fidei committo* ». Nous sommes en présence d'un véritable fidéicommis. En droit et en fait il était impossible à P. Licinius Papirianus de transmettre directement à ceux dont il voulait faire ses légataires la somme qu'il leur destinait. En droit, les enfants impubères, c'est-à-dire âgés de moins de quatorze ans, étaient incapables de recevoir des legs; de plus, dans le cas particulier qui nous occupe, les légataires n'étaient pas et ne pouvaient pas être désignés individuellement par le donateur; c'était là une cause de nullité. En fait, P. Licinius Papirianus ne donnait pas une partie de sa fortune à tel, tel et tel enfant de sa ville natale; il voulait la donner à un ensemble d'enfants, à une collectivité nettement définie. Or cette collectivité n'existait pas, puisqu'elle était fondée par le legs lui-même (2).

Dans ces conditions, P. Licinius Papirianus devait, pour mettre ses pro-

---

(1) C'est-à-dire du legs « *per vindicationem* »; car, pour les legs « *per damnationem* », elle est autre : « *heres meus damnas esto dare ....* ». — R. B.

(2) Il n'en eût pas été ainsi si P. Licinius Papirianus avait fait son legs à une collectivité déjà constituée. L'inscription d'Hispalis (Séville), publiée au *C. I. L.*, II, 1174, nous donne à cet égard un renseignement intéressant. Fabia Hadrianilla lègue une certaine somme aux *Pueri Juncini* et aux *Puellae Titianae*, c'est-à-dire à une œuvre fondée depuis quelques années au moins. Le texte, hardiment restitué par M. Mommsen, contient la formule *dari volo*; il n'y est point question de fidéicommis.

jets à exécution, confier à un tiers, sous certaines conditions très précises, la somme qu'il avait l'intention de léguer. En principe, le fidéicommis n'est pas autre chose. Son caractère ressort clairement d'un texte des Institutes (1), qui nous en fait connaître en même temps le développement historique.

Les fidéicommis étaient garantis par l'État; d'autre part, les cités ayant acquis depuis un demi-siècle le droit de recueillir des legs, il était naturel que P. Licinius Papirianus choisît sa ville natale comme collaboratrice dans l'œuvre de bienfaisance qu'il accomplissait.

2. « ... *ut ex usuris ejus summae quincuncibus quodannis alantur pueri ccc et puellae cc; pueris ab annis tribus ad annos xv et accipiant singuli pueri ✶IIS menstruos; puellae ab annis tribus ad annos xiii ✶II.* »

Ces quelques lignes sont les plus importantes de l'inscription. Elles nous font connaître les volontés formelles du donateur, et nous indiquent, si l'on peut ainsi parler, le mécanisme du legs.

P. Licinius Papirianus laisse à sa patrie un capital considérable, dont les intérêts serviront à nourrir 500 enfants, 300 garçons et 200 filles. Tout est prévu : le taux de l'intérêt, l'âge de ces *pueri alimentarii*, la somme qu'ils doivent recevoir par mois les uns et les autres.

L'institution des *Pueri alimentarii* datait de moins d'un siècle. Conçue par Nerva et organisée surtout par Trajan, qu'effrayait la diminution progressive des naissances à Rome et en Italie, elle avait un caractère public. Les revenus de certaines propriétés communales devaient être affectés à l'entretien et à l'éducation d'un nombre fixe d'enfants pauvres. Il n'est pas de notre sujet d'examiner en détail ces fondations impé-

---

(1) *Instit.*, II, 23, § 1. « Sciendum itaque est omnia fideicommissa primis temporibus infirma esse, quia nemo invitus cogebatur praestare id de quo rogatus erat : quibus enim non poterant hereditates vel legata relinquere, si relinquebant, fidei committebant eorum, qui capere ex testamento poterant, et ideo fidei commissa appellata sunt, quia nullo vinculo juris, sed tantum pudore eorum qui rogabantur continebantur. Postea primus divus Augustus semel iterumque gratia personarum motus, vel quia per ipsius salutem rogatus quis diceretur, aut ob insignem quorumdum perfidiam jussit consulibus auctoritatem suam interponere; quod quia justum videbatur et populare erat, paulatim conversum est in adsiduam jurisdictionem; tantusque favor eorum factus est, ut paulatim etiam praetor proprius crearetur, qui fideicommissis jus diceret, quem fideicommissarium appellabant. »

riales, ni de reprendre, après tant d'autres, l'explication des tables de Veleia et des tables des Ligures Bæbiani. Mais l'exemple donné par les empereurs fut suivi par les riches particuliers, et l'assistance privée se calqua sur l'assistance publique. Les empereurs s'étaient préoccupés avant tout de l'Italie; nous savons, par deux documents au moins, que certaines cités provinciales reçurent des legs considérables, destinés à la même œuvre. Nous étudions ici l'un de ces documents; l'autre provient d'Hispalis (Séville). En Italie, les testaments de Pline le Jeune, à Come, et de Cælia Macrina, à Terracine, sont des actes de même nature. Remarquons que P. Licinius Papirianus, ayant été *procurator a rationibus*, c'est-à-dire en quelque sorte directeur des finances impériales, savait mieux que personne quels avantages présentait l'Institution des *Pueri alimentarii*, et de quelle manière il fallait régler une fondation de ce genre.

Le capital légué est de 1.300.000 sesterces, en monnaie française actuelle 348.400 francs, d'après le tableau des monnaies impériales du règne de Néron à celui de Caracalla (1).

Le donateur stipule que le revenu seul de ce capital doit être dépensé; il le calcule au taux de 5 %, mais sans préciser par quels moyens il faut obtenir cet intérêt. A Terracine, Cælia Macrina n'indique même pas le taux de l'intérêt. En revanche Pline le Jeune lègue à la ville de Côme, sa patrie, non plus une somme d'argent, mais un terrain qu'il évalue à 500.000 sesterces, et dont le revenu calculé au taux de 6 % est de 30.000 sesterces. D'une manière générale, sur les textes analogues, le taux de l'intérêt n'est indiqué que rarement. Les deux formules le plus souvent employées sont : *ex reditu, ex usuris*. Licinius Papirianus est donc plus prévoyant que la plupart des donateurs dont l'épigraphie nous a conservé le souvenir. Il ne veut pas que le capital légué par lui rapporte moins de 5 %, mais il laisse aux administrateurs municipaux, probablement aux questeurs, le soin de décider quel sera le meilleur placement. En pareil cas, l'argent était consacré à l'achat de biens-fonds (2).

(1) Bouché-Leclerq, *Manuel des Institutions romaines*, App., p. 581.
(2) Wilmanns, 2118 : C. Fasellius laisse à son pays natal $\overline{\text{SS}}$ $\overline{\text{XX}}$ N AD EMPTIONEM POSSESSIONIS

1.300.000 sesterces à 5 % rapportent annuellement 65.000 sesterces. D'autre part le nombre des deniers qui doivent être distribués aux enfants atteint le chiffre de 13.800 (*garçons*, 300 × 2,5 × 12 = 9.000 deniers; *filles*, 200 × 2 × 12 = 4.800 deniers; 9.000 + 4.800 = 13.800). A peu de chose près le denier vaut 4 sesterces; 13.800 deniers font donc 55.200 sesterces. Le revenu du capital légué n'est donc pas entièrement représenté par la somme qui doit être consacrée chaque année à l'entretien et à l'éducation des 300 garçons et des 200 filles. La différence est de 9.800 sesterces ou 2.450 deniers (1).

Cette différence n'est pas le fait du hasard. Tous les chiffres ayant été fixés par P. Licinius Papirianus, il est impossible de ne pas admettre que le donateur a prévu et voulu l'existence de ce reliquat. Faut-il croire qu'il s'est préoccupé de la loi *Falcidia*, ou plutôt du sénatus-consulte, promulgué sous Vespasien, qui étendait aux fidéicommis les effets de la loi *Falcidia*, seulement applicable aux legs proprement dits (2)?

Pour deux raisons, cette hypothèse ne nous paraît pas admissible. D'abord, dans le cas présent, la loi ne serait pas observée. Le reliquat ne représente pas le quart du legs. La somme de 9.800 sesterces ou 2.450 deniers est inférieure au quart de l'intérêt annuel (16.250 : 4 = 4.062,5); de même, si l'on suppose que le quart du capital légué a été prélevé une

CVIVS DE REDITV... Le testament de A. Quinctilius Priscus, de Ferentinum (*C. I. L.*, X, 5853), entre dans les détails les plus précis. Cette fois le bienfaiteur a pris un chemin plus détourné; mais au fond, en rachetant à la cité pour 70.000 sesterces un certain nombre de propriétés communales, et en les restituant ensuite, n'agit-il pas comme s'il donnait à cette ville 70.000 sesterces en stipulant que cette somme serait consacrée à l'achat d'immeubles?

(1) La même observation s'applique au legs que Cælia Macrina fait à la ville de Terracine. Il est vrai que le taux de l'intérêt n'est pas indiqué; mais si l'on admet 5 %, le total des sommes distribuées aux enfants est inférieur de 6.800 sesterces à l'intérêt annuel du capital légué; si l'on descend à 4 %, ce même total est supérieur de 3.200 sesterces. Il faut adopter le taux 5 % et reconnaître l'existence d'un reliquat analogue à celui que nous constatons sur l'inscription du Kef. Le legs de Cælia Macrina nous paraît être d'ailleurs le document épigraphique le plus semblable à celui que nous étudions.

(2) *Institut.*, II, 23, § 5. « Sed quia heredes scripti, cum aut totam hereditatem aut paene totam plerumque restituere rogabantur, adire hereditatem ob nullum vel minimum lucrum recusabant atque ob id extinguebantur fideicommissa : postea Vespasiani Augusti temporibus Pegaso et Pusione consulibus senatus censuit ut ei, qui rogatus est hereditatem restituere, perinde liceret quartam partem retinere, atque lege Falcidia ex legatis retinere conceditur... »

fois pour toutes, le capital disponible serait réduit à 975.000 sesterces, dont l'intérêt annuel à 5 % est de 48.750 sesterces ou 12.187,5 deniers. Or nous avons vu que les sommes distribuées chaque année aux 500 *pueri alimentarii* atteignent le chiffre de 13.800 deniers. Par conséquent, de quelque manière que l'on calcule ce prélèvement du quart ordonné par le sénatus-consulte de Vespasien, on constate qu'il n'a aucun rapport avec le reliquat de 2.450 deniers, dont nous avons démontré l'existence.

En second lieu, il ne nous semble pas que la disposition législative ajoutée par le Sénat à la loi *Falcidia* fût applicable au legs de P. Licinius Papirianus. Ce n'est pas qu'un privilège quelconque eût été accordé soit aux cités soit à l'institution des *Pueri alimentarii* : un rescrit des empereurs Sévère et Caracalla ne laisse aucun doute à ce sujet (1). Mais la colonie de Sicca ne se trouvait pas exactement dans la situation d'un tiers, chargé par un donateur de transmettre une somme d'argent à un légataire légalement incapable de la recevoir. L'institution des *Pueri alimentarii* est en quelque sorte municipale; les 1.300.000 sesterces, laissés par P. Licinius Papirianus, seront administrés par les questeurs de la cité; ils figureront au budget de Sicca, comme recette extraordinaire. La cité est tenue seulement de consacrer le revenu de ce legs à une œuvre spéciale. Comme nous avons déjà essayé de l'expliquer, il y a fidéicommis en ce sens que P. Licinius Papirianus ne pouvait, ni en droit ni en fait, léguer directement une partie de sa fortune aux 500 enfants qui devaient être appelés à en profiter. Mais il est impossible de considérer les *Municipes Cirthenses Siccenses* comme chargés purement et simplement d'assurer l'exécution des volontés du donateur. Les magistrats municipaux devront, pour employer une expression moderne, placer le capital dans les meilleures conditions possibles, et gérer cette fortune de leur mieux. S'ils réussissent à retirer de la somme laissée par P. Licinius Papirianus un intérêt dont le taux sera supérieur à 5 %, les finances particulières de Sicca en bénéficieront; s'ils ne peuvent

---

(1) *Dig.*, XXXV, 2, § 89 : « Marcianus, libro septimo Institutionum : Divi Severus et Antoninus rescripserunt pecuniam relictam ad alimenta puerorum Falcidiae subjectam esse. »

dépasser ce taux, le reliquat constituera comme une réserve pour l'avenir, enfin, si le placement est moins rémunérateur, ce même reliquat assurera néanmoins le fonctionnement de l'œuvre nouvelle. Il est toujours dangereux de vouloir découvrir sous un texte précis les intentions de celui qui l'a rédigé; nous nous permettons toutefois de supposer que la compétence financière et l'expérience administrative de P. Licinius Papirianus l'ont peut-être guidé plus que toute autre raison dans l'établissement définitif des chiffres que nous venons d'étudier (1).

(1) A mon avis, la raison d'être de ces chiffres est toute simple, et nous serait donnée d'ailleurs par la lettre de Pline à Caninius.
Voici comment je comprends toute l'opération.
Papirianus lègue en pure propriété à sa ville natale une certaine somme, qui entre au trésor de Sicca ; les revenus figureront désormais au budget, non extraordinaire, mais ordinaire, recettes, de la colonie, et par conséquent il n'y a pas lieu d'indiquer qui les administrera, le capital étant confondu avec les autres biens de la commune. Mais ce legs est grevé d'une charge. La commune devra désormais inscrire, toujours à son budget ordinaire, dépenses, les *alimenta* à servir à 500 enfants; et par conséquent il n'y a pas lieu, comme pour les *alimenta* impériaux, de désigner quelqu'un pour cette distribution : elle sera faite par ceux qui font les paiements de la commune. C'est donc un pur et simple legs que reçoit celle-ci, à charge pour elle de faire chaque année une dépense déterminée, et naturellement c'est à ses risques et périls : s'il y a un boni, il lui est acquis, s'il y a un déficit, elle le comble ; cela va de soi, et n'avait pas besoin d'être énoncé. Mais pour qu'elle ne soit pas tentée, d'abord de refuser le legs, ensuite de se dérober aux obligations qu'il comporte, il faut que ce second cas ne se présente jamais ; il faut d'autre part que les frais d'administration que ce service nouveau entraînera soient couverts par les revenus du legs même. C'est pourquoi, en calculant les intérêts à 5 o/o, le donateur prend soin de léguer une somme dont le revenu dépassera fortement le total des *alimenta* à fournir ; son but est d'éviter tout risque au trésor municipal. C'est ce qu'a fait Cælia Macrina à Terracine en calculant les *alimenta* à distribuer sur un intérêt de moins de 4,5 o/o, par conséquent très facile à dépasser.
Cette interprétation, qui me paraît avoir un caractère d'évidence, soulève une seconde question. Puisque c'est à la ville que Papirianus fait son legs, et que les villes ont la personnalité civile et la faculté d'être légataires, il n'y a pas fidéicommis : le legs est fait directement à une personne habile à le recueillir, et dénommée dans l'acte, la commune de Sicca : « *municipibus meis dare volo.* » D'ailleurs c'est une erreur de dire qu'en raison de leur âge les enfants ne pourraient être légataires : l'enfant, du moment qu'il est conçu, est apte à recevoir des legs ; seulement il ne peut administrer lui-même les sommes provenant des héritages qui lui sont dévolus, tant qu'il est enfant. C'est uniquement parce qu'ils ne peuvent être visés individuellement, et sont par conséquent *incerta persona*, que les bénéficiaires de la fondation de Papirianus ne peuvent en être aussi les titulaires. C'est donc bien à la ville qu'il lègue ses 1.300.000 sesterces. Néanmoins le texte, dans la formule d'exécution, emploie les mots « *fidei committo* » adressés à la même personne à laquelle il vient de dire qu'il veut « *dare* ». Il y a contradiction manifeste dans les termes. Cependant il est difficile de croire qu'un vieil administrateur comme Papirianus, qu'un homme instruit par de hautes fonctions de finance,

Il ne faudrait pas croire que les 500 *pueri alimentarii* étaient complètement à la charge de la cité. Le terme *alantur* ne doit pas être interprété trop étroitement. Le véritable sens en est déterminé par la suite « *et accipiant...* ». En réalité la colonie de Sicca était simplement obligée de donner une subvention de deux deniers et demi par mois à 300 enfants mâles, et de deux deniers par mois à 200 enfants de l'autre sexe. Il eût été impossible de pourvoir avec un revenu total de 13,800 deniers (à peu près 14.400 fr.) à l'entretien et à l'éducation de 500 enfants (1).

A première vue, le mot *quotannis* peut paraître superflu. Puisque ce n'est pas le capital qui est dépensé, mais seulement l'intérêt, il semble évident que le legs de P. Licinius Papirianus est une fondation annuelle et perpétuelle. Néanmoins il est probable qu'en pareil cas des contestations étaient soulevées par les héritiers naturels, irrités d'être frustrés d'une grande partie de la fortune qu'ils attendaient. Deux rescrits des empereurs Sévère et Caracalla, reproduits au Digeste, d'après le jurisconsulte Marcianus, étaient destinés à sauvegarder le véritable caractère de ces legs (2).

puisse commettre une erreur grossière. A mon avis il est facile d'expliquer la présence de « *fidei committo* ». Les legs de cette espèce n'étaient pas, à la fin du deuxième siècle, des fidéicommis ; mais ils avaient pu l'être, à l'époque où les villes n'avaient pas qualité pour les recevoir directement, c'est-à-dire jusqu'au principat de Nerva ; et il eût fallu à cette époque, dans ce cas, nommer un fidéicommissaire distinct. Le terme en question a donc pu demeurer plus ou moins en usage, étant de style, alors même qu'il ne correspondait plus exactement à la réalité. Ou bien peut-être n'est-il ici qu'une formule d'énonciation de la charge imposée au legs même. Elle aura été choisie comme plus propre que toute autre à engager moralement l'*ordo* en tant qu'exécuteur. Car d'obligation civile, il ne peut en être question, les enfants n'acquérant un droit utile à la distribution qu'une fois leur désignation faite par l'autorité municipale, mais n'ayant aucun moyen juridique d'exiger que cette désignation ait lieu. La disposition testamentaire de Papirianus redevient donc par là, en partie, non pas un fidéicommis au sens que le mot avait alors, mais un fidéicommis au sens que le mot avait eu jusqu'à Auguste, alors qu'aucune garantie légale ne lui avait enlevé son caractère de simple prière, d'acte de pure confiance. — R. B.

(1) A Terracine, Cælia Macrina répartit ses libéralités sur un moins grand nombre d'enfants, mais chacun d'entre eux reçoit davantage. Avec un million de sesterces, elle ne crée que 200 *pueri alimentarii* (100 garçons et 100 filles) ; chaque garçon doit recevoir 5 deniers, chaque fille 4. L'expression « *alimentorum nomine dari* » indique clairement le caractère subventionnel de l'institution. L'inscription d'Hispalis (Séville) vient à l'appui de notre interprétation. Fabia Hadrianilla stipule expressément que le revenu du capital qu'elle lègue sera distribué en deux fois aux *pueri alimentarii* déjà institués, elle fixe les deux dates de ces distributions (*C. I. L.*, II, 1174).

(2) *Dig.*, XXXIII, 1522, 1523. « Marcianus, libro sexto Institutionum : Cum quidam decurionibus divi-

L'addition du mot *quotannis* nous montre une fois de plus avec quelle prévoyance et quelle précision dans les termes P. Licinius Papirianus avait fait son acte de donation.

3. « *Legi autem debebunt municipes, item incolae, dumtaxat incolae qui intra continentia coloniae nostrae aedificia morabuntur.* »

Quels seront les enfants auxquels pourront et devront être appliquées les dispositions du legs ? Dans quelle catégorie d'habitants faudra-t-il les choisir ? P. Licinius Papirianus ne se préoccupe que de leur situation juridique, et, comme il est naturel, il réserve ses bienfaits aux ingénus. Avant tout, les *pueri alimentarii* seront des *municipes*, c'est-à-dire qu'ils jouiront de la *civitas* complète, soit en vertu de leur naissance, soit par suite d'une adoption ou d'un affranchissement. Ils pourront être aussi des *incolae*, c'est-à-dire des ingénus domiciliés dans le pays sans y être nés et sans avoir été adoptés par un *municeps*.

Le mot *municipes* ne soulève aucune discussion, mais le terme *incolae* prête à double interprétation. On ne peut être né, avoir été adopté ou affranchi qu'en un seul lieu; mais on peut avoir plusieurs domiciles dans des villes différentes. A-t-on le titre d'*incola* dans toutes les cités que l'on habite? Ce problème de droit municipal n'avait pas échappé aux jurisconsultes romains. D'après les textes que nous possédons, Labéon seul paraît avoir cru qu'on ne pouvait pas avoir à la fois plusieurs domiciles. « *Labeo indicat eum qui pluribus locis ex aequo negocietur, nusquam domicilium habere* (1). » Il n'ignorait pas d'ailleurs que l'opinion contraire était très soutenue : « *Quosdam autem dicere refert pluribus locis eum incolam esse aut domicilium habere.* » Mais, aux yeux des jurisconsultes qui admettent cette dernière théorie, le titre et les droits d'*incola* ne doivent pas être donnés pour un simple séjour dans une

---

siones dari voluisset die natalis sui, divi Severus et Antoninus rescripserunt non esse verisimile testatorem de uno anno sensisse, sed de perpetuo legato. — Marcianus, libro octavo Institutionum : Cum erat certa pecunia, id est centum, reipublicae Sardainorum relicta per quadriennium certaminis Chrysanthiani, divi Severus et Antoninus rescripserunt videri perpetuam pensitationem reliquisse testatorem per quadriennium, non in primum quadriennium ».

(1) *Dig.*, L, 155 : Paulus libro quadragesimo quinto ad Edictum.

ville (1). On n'est véritablement *incola* d'une cité que si l'on y réside pendant longtemps ou si l'on y a des intérêts considérables.

D'autre part, un texte de Pomponius nous apprend (2) que l'on pouvait être *incola* d'une cité, sans habiter dans les murs mêmes de la ville. « *Nec tantum hi, qui in oppido morantur, incolae sunt, sed etiam qui in alicujus oppidi finibus ita agrum habent, ut in eum se quasi in aliquam sedem recipiant.* » Il suffisait de posséder, sur le territoire de la cité, une propriété telle que l'on pût au besoin y venir résider.

En somme, le titre d'*incola* et les droits qui étaient attachés à ce titre étaient accordés à plusieurs catégories d'ingénus. P. Licinius Papirianus ne voulut pas étendre à toutes le bénéfice de son legs. Les *pueri alimentarii* ne pourront être choisis que dans des familles d'*incolae* habitant réellement et d'une façon permanente la colonie de Sicca, et domiciliés dans l'intérieur de la ville, *intra continentia aedificia*.

Il serait intéressant de savoir si les enfants riches pouvaient jouir, comme les enfants pauvres, du bienfait de P. Licinius Papirianus. Le donateur ayant indiqué un chiffre limité de *pueri alimentarii*, il s'ensuit qu'un nombre plus ou moins considérable d'enfants ne recevaient pas d'aliments. Quelles raisons, et de quel ordre, dictaient le choix ? Le texte que nous étudions est absolument muet à cet égard.

4. « *Quos, si vobis videbitur, optimum erit per duumviros cujusque anni legi.* »

Dans les phrases précédentes nous avons vu que P. Licinius Papirianus avait rédigé avec une remarquable précision les principales clauses de sa donation : chiffre de la somme, taux de l'intérêt, nombre et âge des enfants, chiffre des *alimenta* que chaque *puer* et chaque *puella* doivent recevoir par mois, état juridique des enfants qui devront bénéficier du legs.

Il est beaucoup moins explicite en ce qui concerne l'administration de la fortune qu'il confie à sa ville natale. Nous devons donc croire que le soin de gérer ce capital fut donné aux magistrats spécialement chargés des finances

(1) *Dig.*, L, 1565, 2. — *Cod. Justin.*, X, 40, 52, 53.
(2) *Dig.*, 4. 16, § 239, 2.

municipales, c'est-à-dire aux questeurs de la ville. D'ailleurs nous savons, par plusieurs documents, que le *quaestor aerarii* ou *arcae publicae* et le *quaestor alimentorum* étaient souvent un seul et même personnage (1). P. Licinius Papirianus n'avait donc pas à se préoccuper de ce point spécial; la question était déjà résolue.

Le choix entre les enfants aptes à recevoir des *alimenta* est remis aux magistrats supérieurs de la cité. Les duumvirs annuels étaient en effet dans chaque ville les chefs administratifs; ils avaient la direction générale de toutes les affaires qui n'étaient pas attribuées à des magistrats spéciaux. La formule, *si vobis videbitur,* semble indiquer que P. Licinius Papirianus n'attachait pas une extrême importance à cette clause de son legs. Il laisse ses concitoyens libres d'agir sur ce point de la façon qu'ils croiront la plus conforme à leurs intérêts. Il se contente de leur proposer la solution qui lui a paru la plus naturelle, et qui est en réalité la plus pratique.

5. « *Curari autem oportet ut in locum adulti vel demortui cujusque statim substituatur, ut semper plenus numerus alatur.* »

Cette dernière phrase, qui au premier abord peut paraitre superflue, ne l'est pas plus que le mot *quotannis,* dont nous avons montré plus haut l'importance. D'abord elle nous apprend que le remplacement des *pueri et puellae alimentarii* doit se faire individuellement, et non par fournée. Lorsqu'un des enfants qui sont appelés à jouir du bienfait de P. Licinius Papirianus aura dépassé l'âge prescrit par l'acte de donation, ou lorsqu'une vacance se produira à la suite d'une mort, c'est immédiatement qu'un autre enfant devra être choisi.

En outre, le donateur prend ses précautions contre ce qu'on peut appeler, d'un terme moderne, des virements de fonds. Supposons, en effet, que les magistrats chargés d'administrer la fortune léguée par P. Licinius Papirianus laissent s'écouler un intervalle de temps assez considérable entre la mort ou la radiation d'un *alimentarius* et le choix de son successeur : un certain

---

(1) Voir Houdoy, *Le Droit municipal*, p. 406-407. — Daremberg et Saglio, *Dictionnaire des Antiquités*, s. v. *Alimentarii pueri et puellae.*

nombre de deniers s'accumuleront, qui ne seront pas consacrés à l'œuvre fondée; ils ne pourront pas être partagés entre les autres *pueri alimentarii*, puisque la part de chacun est déterminée d'avance avec la plus grande précision. De plus, certaines villes n'avaient pas de scrupules à détourner de leur véritable affectation les sommes d'argent qui leur étaient léguées sous conditions par de riches particuliers. Au Digeste, nous a été conservée une loi, destinée à interdire les actes de cette nature (1). P. Licinius Papirianus pouvait donc craindre que les vacances produites dans le nombre des *pueri alimentarii* ne fussent prolongées à dessein, pour que les finances municipales pussent en tirer le plus grand profit. Comme ce n'était pas là le but qu'il s'était proposé, il donne sur ce point les instructions les plus nettes. D'ailleurs ce souci du détail et cette exactitude dans les moindres dispositions de son legs apparaissent, pour ainsi dire, à chaque ligne du texte que nous venons d'étudier.

J. TOUTAIN.

---

(1) *Dig.*, L, 8, § 6 : « Valens, libro secundo fideicommissorum : Legatam municipio pecuniam in aliam rem quam defunctus voluit convertere citra principis auctoritatem non licet. » Les seules exceptions permises sont celles que rend nécessaires l'application non prévue de la loi Falcidia.

RELIEFS DE MIROIRS EN BRONZE

DÉCOUVERTS A BULLA REGIA (*HAMMAM DARRADJI*).

I.

« On a fait un livre sur les coiffures des dames romaines; les matériaux ne manqueraient pas pour en écrire un sur les miroirs. » En s'exprimant ainsi, dans un mémoire publié en 1872 (1), M. de Witte paraissait former un souhait qui n'a pas encore été réalisé à l'heure actuelle. Les matériaux ont continué à s'accumuler; au vaste trésor des miroirs étrusques, qui avaient fait l'objet de la volumineuse publication de Gerhard (2), sont venus s'ajouter un grand nombre de miroirs grecs, parmi lesquels il y a des chefs-d'œuvre de la période la plus florissante de l'art (3); cependant la science regrette encore le manque d'un travail d'ensemble qui embrasserait ce sujet dans toute son étendue, qui chercherait des éclaircissements non seulement dans les textes anciens et dans l'étude des miroirs eux-mêmes, mais dans les

---

(1) J. de Witte, *Les Miroirs chez les Anciens*, Bruxelles, 1872 (27 pages), extrait des *Annales de l'Académie d'archéologie de Belgique*, t. XXVIII, 2ᵉ série, t. VIII, p. 6 et suivantes.

(2) E. Gerhard, *Etruskische Spiegel*, Berlin, 1843-1867, 4 vol. avec 443 pl. L'ouvrage est continué par Klügmann et Körte, 1884 et suiv.

(3) Μυλώνας, Ἑλληνικὰ κάτοπτρα, Athènes, 1876, et surtout Dumont-Pottier, *Céramiques de la Grèce propre*, t. II, p. 175 et suiv., où se trouve un catalogue complet, accompagné de références, des miroirs historiés découverts jusqu'à ce jour en pays grecs.

nombreuses représentations de miroirs conservées par les vases peints, les pierres gravées, les terres-cuites et les monuments divers de la sculpture.

Celui qui aborderait aujourd'hui un pareil travail ne devrait pas borner ses recherches à la Grèce et à l'Étrurie; les nécropoles de l'Afrique romaine viendraient aussi lui fournir leur contingent.

Jusqu'à présent, les miroirs d'époque romaine découverts en dehors de l'Italie et de la Grèce ont été fort négligés des archéologues. La raison en est simple : c'est que la plupart ne présentent pas de décoration. Ce sont, en général, des plaques circulaires du genre de celles que Caylus avait acquises à Arles et qu'il décrivit, en 1759, dans le troisième volume de son *Recueil d'Antiquités* (1). « On m'a envoyé d'Arles trois miroirs à l'usage des Romains et tous très bien conservés. Le plus grand est d'une forme absolument circulaire : il est inutile de le dessiner, il est renfermé dans une boîte de forme pareille et de même matière... On peut regarder les deux autres miroirs comme pareils : ils le sont pour le diamètre, on voit seulement quelques différences dans les cercles dont ils sont ornés; l'un et l'autre sont parfaitement ronds et très bien conservés; la matière dont ils sont composés et l'étamage qui leur procure la réflexion sont travaillés avec soin. » L'année suivante, le 28 janvier 1760, Caylus écrivait à Paciaudi (2) : « Je vous dirai sur le miroir que vous m'annoncez que je serai charmé de le comparer aux trois que j'ai déjà entiers et très conservés; je les ai eus d'Arles, où ils ont été trouvés l'année passée. J'en ai rapporté un dans le troisième volume... Il a son pareil exactement, et l'autre que j'ai eu depuis est considérablement plus grand et s'est trouvé avec sa boîte ou son étui, tel qu'il était autrefois (3). »

On le voit, le savant amateur ne songeait pas encore à des miroirs gravés ou ornés de reliefs, et l'intérêt qu'il trouvait aux modestes monuments entrés dans sa collection surprend aujourd'hui les archéologues, plus difficiles à contenter que Caylus.

---

(1) Caylus, *Recueil*, t. III, pl. LXXXIX, p. 331.
(2) *Correspondance inédite du comte de Caylus*, publiée par Ch. Nisard, t. I, p. 135.
(3) Sur une boîte de miroir trouvée en Angleterre, voir la notice de Gage dans l'*Archæologia*, vol. XXVII (1838), p. 360 et pl. XXV.

Ce sont les nécropoles de l'Étrurie qui fournirent les premiers spécimens de miroirs historiés, souvent accompagnés d'inscriptions en caractères étrusques qui désignent les personnages par leurs noms. Le nombre de ces miroirs s'est tellement accru, depuis le commencement de ce siècle, qu'on en comptait, il y a une vingtaine d'années, plus de mille; il n'est guère de collection publique ou privée qui n'en possède quelques-uns. La fabrication des miroirs gravés, particulièrement active en Étrurie, où elle était arrivée de Grèce, rayonna de là dans les régions voisines, notamment dans le Latium; plusieurs miroirs découverts à Préneste portent, en effet, des inscriptions en langue latine (1). Cependant, à l'époque romaine, les miroirs gravés ou ornés de reliefs deviennent rares (2); les premiers surtout disparaissent presque complètement, et Gerhard n'a pu citer qu'un seul miroir gravé, représentant un aurige, comme provenant d'un tombeau romain (3). En ce qui concerne les reliefs, notre pénurie est peut-être plus apparente que réelle; les musées contiennent sans doute, sous le nom de phalères, de patères, d'appliques, etc., de nombreux objets où une étude plus attentive reconnaîtrait des décorations de miroirs. Que la coutume d'orner les miroirs de reliefs ne se soit pas perdue sous l'Empire romain, c'est ce qu'atteste, indépendamment des spécimens qui font l'objet de la présente étude, une curieuse notice récemment publiée par M. Froehner (4) : ce savant a appelé l'attention sur une série de dix-huit *miroirs de poche* dont le revers présente, en guise d'applique, une grande monnaie en bronze de Néron.

Il semble bien qu'à l'époque romaine la matière dont étaient faits les miroirs

---

(1) Fernique, *Étude sur Préneste*, p. 162; J. de Witte, *mém. cit.*, p. 14; Jordan, *Kritische Beiträge*, p. 3.

(2) Friederichs, *Kleinere Kunst und Industrie*, p. 85; Gerhard, *Etrusk. Spiegel*, t. I, p. 8.

(3) Gerhard, *op. laud.*, pl. 409.

(4) *Annuaire de la société de numismatique*, Paris, 1889, p. 395. Dans son *Catalogue des bronzes antiques de la collection Gréau* (Paris, 1885, p. 124), M. Froehner décrit ainsi le n° 611 : « Boîte à miroir trouvée à Avignon. Dans le couvercle est enchâssé l'avers d'un grand bronze de Néron et sur le dessous de la boîte le revers de la même monnaie. A l'intérieur, deux miroirs argentés, d'une conservation parfaite. Le couvercle d'une boîte semblable a été trouvé à Cologne et publié dans les *Bonner Jahrbücher*, t. LXXI, p. 117. On connaît en outre une dizaine de grands bronzes de Néron transformés en miroirs de poche et fabriqués à l'usage des soldats. »

importait plus aux acheteurs que leur décoration artistique. Pline nous apprend (1) qu'on fabriquait autrefois à Brindes des miroirs d'étain très estimés, mais que plus tard les miroirs d'argent devinrent si communs que les servantes mêmes en faisaient usage. Quant aux miroirs de verre, qui ont aujourd'hui fait oublier tous les autres, l'antiquité les a certainement connus, et Pline (2) les mentionne comme un produit remarquable des verreries de Sidon (3); mais il n'en a pas encore été découvert, que nous sachions, un seul spécimen et tout porte à croire qu'ils furent très peu répandus.

Olivier Rayet a proposé pour les miroirs grecs une division en deux classes (4). Jusqu'au milieu du cinquième siècle, ce sont des disques de bronze montés sur un pied en forme d'Aphrodite; ces miroirs sont de vrais meubles de table à toilette. Vers le quatrième siècle, le miroir devient une plaque ronde sans support ni poignée, dont le côté poli est souvent argenté et l'autre orné d'une gravure au trait. Il est enfermé dans une boîte à charnière (5) dont le couvercle est souvent décoré d'une applique en relief; parfois, mais rarement, il y a des reliefs des deux côtés du couvercle (6). A la fin du quatrième siècle, la boîte à couvercle est supprimée; le disque porte du côté poli une gravure au trait, qui n'empêchait pas le visage de la personne de s'y réfléchir, et il est orné, de l'autre, d'une applique en relief. Les boîtes à charnière ne sont pas d'ailleurs les seules : on en trouve qui sont formées

---

(1) Pline, *Hist. Nat.*, XXXIV, 48 (éd. Littré, t. II, p. 455).
(2) Pline, *ibid.*, XXXVI, 66 (éd. Littré, t. II, p. 531).
(3) Cf. de Witte, *Mém. cit.*, p. 8; Gerhard, *Etrusk. Spieg.*, t. I, p. 78, note 38.
(4) O. Rayet, *Monuments de l'art antique*, notice de la pl. 22, p. 2.
(5) On a pensé, dès l'antiquité, que la boîte à miroir, λοφεῖον στρογγύλον, était mentionnée dans les *Nuées* d'Aristophane (v. 746), mais cette expression peut être interprétée autrement (cf. le scholiaste sur ce passage). Le miroir à charnière est souvent figuré sur les œuvres d'art, par exemple sur une boucle d'oreille en or, où il est tenu par un Éros (*Antiquités du Bosphore cimmérien*, pl. VII, n° 12) et entre les mains de figurines en terre cuite (Pottier et Reinach, *Nécropole de Myrina*, p. 325; Furtwaengler, *Collection Sabouroff*, pl. LXXXVII; Cartault, *Collection Lecuyer*, pl. M). La première boîte à miroir découverte en Grèce a été publiée par Stackelberg, *Graeber des Hellenen*, pl. VII, n°s 9 et 10; M. Pottier en a énuméré 48 (*Céram. de la Grèce propre*, t. II, p. 244 et suiv.) Couvercles de provenance italienne, Gerhard, *Etrusk. Spieg.* t. I, p. 86, pl. XX, XXI; de Witte, *Collection Beugnot*, p. 131, n° 390. Les miroirs étrusques décorés de reliefs et en forme de boîtes sont assez rares (de Witte, *mém. cit.*, p. 16.)
(6) Dumont-Pottier, *Céramiques de la Grèce*, t. II, p. 243, 244.

de deux parties qui s'emboîtent, comme les bonbonnières actuelles, et alors le miroir proprement dit est une plaque métallique polie ou argentée sur une face, qui se trouve protégée par la boite contre la poussière et l'humidité. Il arrive enfin que la face intérieure du couvercle de la boite est polie elle-même et fait office de miroir. Mais, de toute façon, le bas-relief se trouve toujours à l'extérieur, tantôt au dos de la plaque qui réfléchit l'image, tantôt sur la partie apparente de la boîte fermée.

Ces bas-reliefs sont des appliques souvent très minces et que l'on découvre ordinairement détachées de leur support. Celles que l'on a recueillies en Afrique sont toutes travaillées au repoussé dans une pièce de cuivre, qui paraît avoir été revêtue d'une légère dorure; on en connaît d'autres provenances qui ont été coulées dans des moules.

Tous les miroirs dont l'origine est certaine ont été trouvés dans des tombeaux. Ce fait doit nous paraitre assez naturel, puisque le mobilier funéraire est l'image de celui dont se servaient les vivants : il a cependant assez surpris les archéologues de l'ancienne école pour donner lieu à des interprétations singulières. Pendant longtemps, les antiquaires italiens ont considéré les miroirs comme des patères servant à des libations; puis ils leur ont donné le nom de miroirs mystiques, *specchi mistici*. M. de Witte, en 1872, était encore sous l'influence de ces idées lorsqu'il écrivait (1) : « Le miroir est nommé parmi les objets symboliques dont on faisait usage dans les mystères, et on sait que chez les Grecs comme chez les Romains, le miroir figurait dans les cérémonies religieuses. » Mais il ajoute avec raison un peu plus bas : « On aurait tort de considérer les miroirs, conservés dans nos collections, comme des miroirs mystiques, ayant été employés exclusivement au culte des dieux. » *Exclusivement* est encore de trop. Un texte ancien, jusqu'à présent unique, fait allusion à l'usage de placer des miroirs dans les tombes. Pline, parlant de la *pierre sarcophage* d'Assos (2), dit, en effet, d'après Mucien, qu'elle pétrifie les *miroirs, les strigiles*, les vêtements et

---

(1) J. de Witte, *mémoire cité*, p. 20.
(2) Pline, *Hist. Nat.*, XXXVI, 132 (éd. Littré, t. II, p. 521).

les chaussures que l'on enterre avec les morts. Le miroir est un objet de toilette; le strigile est un instrument usité dans les palestres, et peut être considéré également comme un accessoire de toilette à l'usage des hommes; or, miroirs et strigiles sont également fréquents dans les tombes. Le texte de Pline, tout laconique qu'il est, suffirait donc à écarter toute interprétation symbolique et à rendre plus qu'invraisemblable l'hypothèse ainsi formulée par M. Meester de Ravestein (1) : « On plaçait probablement [les miroirs] dans les tombeaux afin de signifier que le défunt laissait dans le monde son enveloppe mortelle pour se trouver face à face avec Dieu. » Si les anciens avaient voulu exprimer cette idée hautement spiritualiste, il faut croire qu'ils auraient su le faire moins obscurément.

II.

Dans sa première notice sur les nécropoles païennes de Bulla Regia, publiée en 1890 (2), M. le D' Carton énumérait parmi ses trouvailles « quarante miroirs en airain, ronds ou rectangulaires; la plupart sont brisés, mais quatre d'entre eux possédaient un couvercle en cuivre doré, en relief, qui présente des sujets fort curieux ».

Trois de ces reliefs ont figuré à l'Exposition du Centenaire (3), où ils ont vivement frappé les archéologues, surpris de trouver dans l'Afrique romaine des objets qui n'avaient guère encore été signalés qu'en Italie et dans le monde hellénique (4). Malheureusement, leur conservation est défectueuse. Le plus grand et le plus intéressant est tellement détérioré qu'il a été impossible d'en publier une photogravure (5); il a fallu se contenter

(1) *Musée de Ravestein*, Liège, 1871, t. I, p. 526.
(2) *Revue archéologique*, 1890, I, p. 16-28; voir p. 26. Une notice plus complète, où l'on trouve des dessins au trait des miroirs, a été publiée par M. Carton dans le *Bulletin du Comité*, 1890, p. 149-226.
3) *Exposition du service des antiquités et des arts de la Régence*, p. 13.
(4) La Grèce propre, le Bosphore cimmérien et la côte asiatique; ce dernier pays n'a encore fourni qu'une seule boîte de miroir à reliefs, encore inédite, qui a été découverte à Myrina.
(5) La colle forte sur laquelle il a été plaqué au moment de la découverte en a accéléré la destruction; il n'en subsiste plus que des fragments insignifiants.

d'en reproduire un dessin à la grandeur d'exécution, qu'on peut comparer avec l'esquisse réduite donnée dans le *Bulletin du Comité* (1). A quelques détails près, ces deux images sont d'accord.

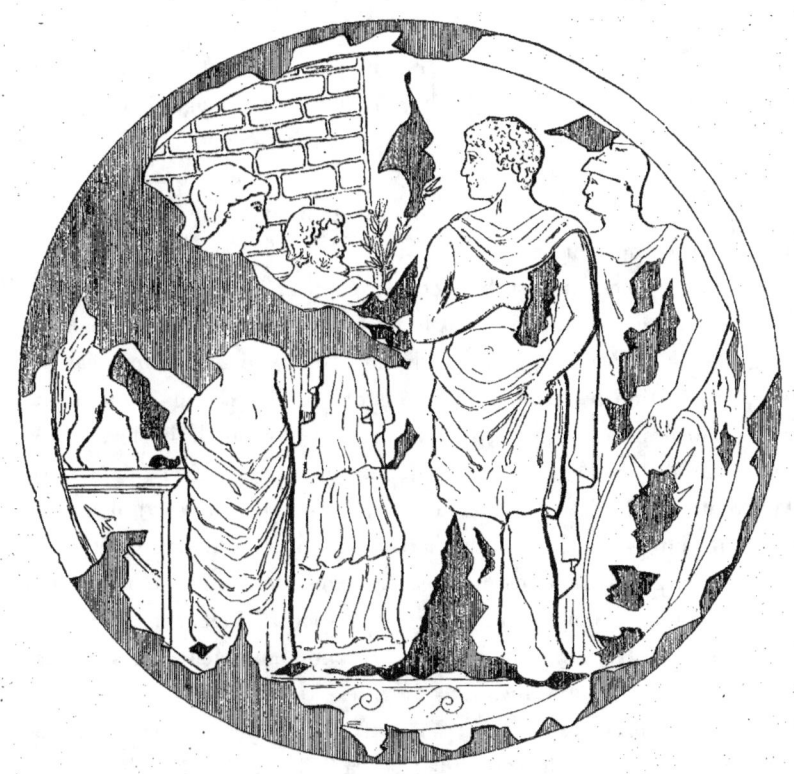

Dans l'explication des sujets de ces reliefs, nous examinerons d'abord les trois qui sont figurés sur notre planche, pour passer ensuite à celui dont nous ne présentons ici qu'un dessin.

I. On distingue encore un homme à demi-nu, couché sur un lit qui est

(1) Dr Carton, *Bulletin du Comité*, 1890, p. 198, fig. 24.

surmonté d'une sorte de baldaquin; à ses pieds est une femme assise; de l'autre côté, une seconde femme, d'une silhouette assez élégante, lui apporte peut-être quelque breuvage. On songe naturellement aux scènes de banquets, si fréquentes sur les bas-reliefs funéraires (1), mais l'état de mutilation de l'original ne permet que d'indiquer ce rapprochement.

II. Le second miroir est encore plus détérioré. « J'y distingue clairement, m'écrit M. de La Blanchère, un personnage assis sous un arbre, à droite, étendant la main; vis-à-vis, à gauche, un autre personnage debout, appuyé sur son bouclier, dont le bord repose sur son genou; entre les deux se tient une femme debout. » La phototypie permet de s'assurer que cette description est exacte, mais je crois devoir m'abstenir de toute hypothèse sur la nature de la scène représentée.

III. Le troisième relief est bien conservé, mais soulève une question difficile. Quel est le personnage dont le buste apparaît ainsi entre deux fleurs et une tête de pavot? Malgré l'énergie du profil, qui ne manque pas de noblesse, l'indication très accusée des seins oblige d'y reconnaître une femme. Sur les miroirs grecs et étrusques, la représentation de bustes, tantôt de face, tantôt de profil, est assez fréquente; on trouve ceux de Dionysos, d'Aphrodite, de Jupiter Ammon, d'Athéna, d'une Gorgone (2), d'Atys coiffé du bonnet phrygien (3), enfin des têtes féminines indéterminées (4). Ici, l'attribut du pavot ne nous permet de choisir qu'entre un petit nombre de noms mythologiques. Le pavot est associé à Déméter, à Cybèle, à Perséphone et à Hécate, à Aphrodite, à Hypnos, aux Heures et aux Saisons, aux Charites, aux personnifications de villes (5), enfin, bien que cela ne soit pas attesté par les textes, à Atys; Visconti a, en effet, cru reconnaître des têtes de pavot parmi les attributs de la célèbre image d'Atys herma-

---

(1) Miroir avec scène de banquet, Gerhard, *Etrusk. Spieg.*, pl. 419.
(2) Cf. Dumont-Pottier, *op. laud.*, p. 201, 202, 245, 246, 247; Gerhard, *op. laud.*, pl. 243.
(3) Friederichs, *Kleinere Kunst*, p. 83, n° 162.
(4) Meester de Ravestein, *op. laud.*, t. I, p. 534, 535.
(5) Cf. Stephani, *Compte rendu de la commission archéologique de Saint-Pétersbourg pour* 1869, p. 47, où les textes antiques ont été réunis *in extenso*.

phrodite découverte à Ostie (1). Sur un bas-relief du musée de Berlin, qui représente Cybèle et Atys, la déesse tient dans sa main droite une tête de pavot (2). C'est entre Cybèle, Cérès et Atys (ce dieu était considéré comme androgyne) que le choix des archéologues nous semble devoir porter ici; la désignation de Cérès est peut-être celle qui, en l'absence du bonnet phrygien et de la couronne murale, soulèverait le moins d'objections.

IV. Dans l'étude du quatrième relief, il faut avant tout insister sur la petite figure d'Éros, debout sur un piédestal ou un autel sur lequel est dessinée

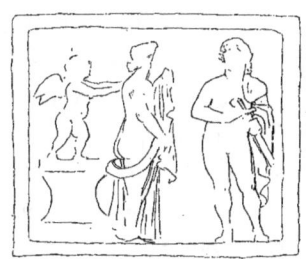

une flèche. Cette figure, qui se retrouve dans d'autres œuvres d'art, — par exemple dans celle que nous reproduisons ci-dessus à titre de rapprochement, — indique qu'il s'agit d'une scène où le rôle principal et décisif échoit à l'amour. Le déshabillé de la jeune femme debout à gauche ne peut convenir qu'à Vénus ou à l'une de ses plus chères protégées. Le jeune homme qui la regarde paraît conquis ou désarmé par les charmes qu'elle offre à sa vue. Des deux autres personnages, l'un, un vieillard portant un rameau, éveille l'idée d'un messager de paix; l'autre, tenant un bouclier de la main gauche, représente plutôt l'idée contraire.

Il ne peut s'agir ici du jugement de Pâris (3). Non seulement, en effet,

---

(1) *Annali dell' Instituto*, 1869, p. 224; *Monumenti*, t. IX, pl. VIII, n, n° 2; cf. Pottier et Reinach, *Nécropole de Myrina*, p. 407.
(2) *Bonner Jahrbücher*, t. XXIII, pl. XXXI.
(3) Remarquons cependant que la présence d'Éros ne contredirait pas cette explication; sur une

Junon est absente (1), mais le lieu de la scène n'est pas l'Ida, puisqu'il est marqué par une muraille dont l'appareil est indiqué avec soin; en second lieu, le costume de Pâris ne ressemblerait en rien à celui que prêtent au berger phrygien toutes les œuvres d'art. Ces deux objections ne seraient pas moins gênantes si l'on voulait reconnaître Héraklès entre Aphrodite et Athéna, ou entre la Volupté et la Vertu, suivant la célèbre allégorie de Prodicus (2). D'ailleurs, le regard du jeune homme est déjà fixé sur la femme à demi-nue dont Éros est le puissant auxiliaire; s'il y a lutte, c'est elle qui l'emporte : l'homme qui opte pour la Volupté n'est pas Héraklès.

Peut-être la comparaison avec une sculpture tout récemment publiée nous aidera-t-elle à sortir d'embarras. M. J. Ziehen vient de faire connaître (3) un bas-relief du Musée de Pesth, sculpté sur le petit côté d'un sarcophage qui provient, à ce que l'on croit, d'Aquincum. Nous reproduisons (p. 93) cette composition, dont l'analogie avec celle qui nous occupe est évidente. Non seulement l'attitude de l'homme debout est presque identique, mais le petit Éros s'élançant d'un piédestal ou d'un autel est commun aux deux scènes, et la femme debout, sur le relief du miroir, est exactement semblable à celle que présente le sarcophage. Elle nous offre l'attrait d'un dévêtement calculé, plus provocant que la nudité complète. M. Ziehen incline à reconnaître dans le bas-relief d'Aquincum une scène de l'*Ilioupersis* : Ménélas, rencontrant Hélène pendant le sac de Troie, s'arrête, séduit par ses charmes, et remet dans son fourreau le glaive dont il s'apprêtait à la frapper. Les monuments, tant grecs que romains, ont bien des fois reproduit cet épisode, qui symbolise, comme le désarmement de Mars par Vénus, le triomphe de la beauté sur la force brutale. Ainsi s'explique la présence d'Éros; ailleurs, on

---

monnaie de Scepsis en Troade, où figure la scène du jugement, le petit dieu s'élance d'un cippe comme sur le miroir de Bulla Regia (Head, *Historia numorum*, p. 474).

(1) Il faut dire que Junon manque parfois à cette scène; cf. Gerhard, *Etrusk. Spieg.*, t. II, pl. 195; t. IV, pl. 372; *Auserlesene Vasenbilder*, pl. CLXXII; Millingen, *Ancient unedited monuments*, pl. XVII; Welcker, *Annali dell' Instituto*, 1845, p. 207.

(2) Xénoph., *Mem. Socr.*, II, 1, 21.

(3) J. Ziehen, *Archæologisch-epigraphische Mittheil. aus Oesterreich*, 1890, t. XIII, p. 65, fig. 19.

trouve Aphrodite ou Peitho, Athéna ou Apollon (1). En général, surtout sur les vases, la scène de la rencontre des époux est tumultueuse; c'est au moment où il va tuer Hélène que Ménélas s'arrête. Ici, la fureur du guerrier est déjà calmée; elle a fait place à l'admiration et l'on devine que l'amour renaissant aura bientôt triomphé de toutes les rancunes. C'est la version qu'avaient suivie Ibycus et Leschès de Pyrrha, celle dont Aristophane et Euripide nous ont conservé le souvenir (2). La scène n'est pas héroïque, comme sur les vases peints, mais sensuelle et déjà presque érotique. C'est ce qu'indiquent nettement ces vers d'Aristophane dans *Lysistrata* (3) : « Quand il vit la rondeur des seins d'Hélène nue, Ménélas, je crois, jeta son épée. » Dans Euripide (4), Pélée

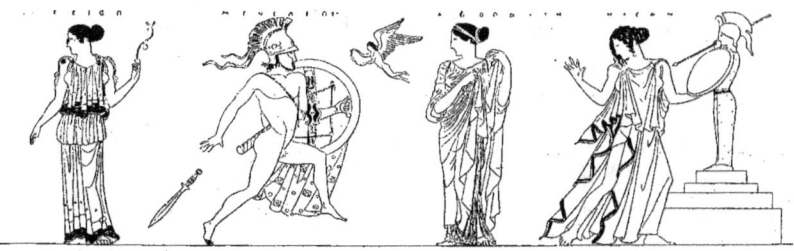

reproche à Ménélas de n'avoir pas tué son épouse infidèle, mais d'avoir jeté son glaive à l'aspect du sein d'Hélène pour tomber dans ses bras, vaincu par l'amour.

Une peinture d'un vase à figures rouges, trouvé à Vulci, où les personnages sont désignés par leurs noms (5), montre Ménélas courant vers Hélène, qui s'est réfugiée auprès de l'idole d'Athéna ou Palladion; entre les deux personnages se tient Aphrodite, dans une attitude à la fois gracieuse et sévère. L'épée

(1) Cf. l'article d'Engelmann dans le *Lexikon der Mythologie* de Roscher, t. I, p. 1946, 1948, 1971.
(2) Sur les différentes versions de la rencontre d'Hélène et de Ménélas, cf. Robert, *Bld und Lied*, p. 77, et les articles *Helena*, *Ilioupersis*, dans les lexiques de Roscher et de Baumeister.
(3) Aristoph.,*Lysistr.*, v. 155.
(4) Eurip., *Androm.*, v. 628.
(5) *Museo Gregoriano*, t. II, 5, 2; Overbeck, *Gallerie heroicher Bildwerke*, pl. XXVI, 12; Roscher, *Lexikon*, t. I, p. 1946; Baumeister, *Denkmæler*, fig. 798.

de Ménélas vient de tomber; Éros, planant entre lui et la déesse, apporte une bandelette, tandis que Peitho, de l'autre côté de la composition, tient un rameau de la main gauche levée. Nous reproduisons ici cette belle peinture, dont la comparaison avec le miroir de Bulla Regia et le bas-relief d'Aquincum est fort instructive. On remarquera combien le céramiste du V⁰ siècle insiste sur le côté pathétique de la scène et se contente d'indiquer, par la présence d'Éros, le caractère que les artistes postérieurs ont accusé. Sur le vase, Hélène est presque entièrement vêtue; seule, la jambe droite est découverte jusqu'à la hanche, suivant la mode lacédémonienne; mais ce n'est pas là l'effet d'une coquetterie savante : la vivacité du mouvement suffit à expliquer ce désordre. Il n'en est pas de même dans les deux bas-reliefs, où l'épouse a pris l'attitude d'une courtisane. L'épisode tragique de la dernière nuit d'Ilion s'est transformé, sous le ciseau des artistes romains, en un épisode galant d'une nuit de Suburra.

L'explication du relief de Bulla Regia paraît donc certaine. Si le glaive de Ménélas a été oublié sur le bronze, le geste du héros, sans doute consacré par la tradition, suffisait à en éveiller l'idée. Pour le personnage à droite, on peut hésiter entre Athéna et Ulysse : le dessin publié par le D' Carton rend cette dernière désignation préférable. Les murs qu'on aperçoit au fond du tableau indiquent que la scène se passe à Troie. Enfin, le vieillard qui s'avance vers Ménélas, portant un rameau d'olivier, est un suppliant qui joue, dans notre scène, le même rôle que la déesse de la Persuasion sur le vase de Vulci figuré plus haut.

L'analogie entre cette composition et celle du sarcophage d'Aquincum prouve qu'elles sont, l'une et l'autre, la copie libre de quelque original célèbre, qui faisait partie du répertoire mythologique des artistes romains. C'est lorsqu'on aura publié, rapproché et classé un grand nombre de ces scènes qu'on peut espérer reconstituer le curieux portefeuille de calques qui s'ajoutait au bagage de chaque sculpteur et de chaque peintre, comme le carnet de formules et de vers tout faits accompagnait, dans leurs pérégrinations à travers l'Empire, les compositeurs d'épitaphes versifiées.

SALOMON REINACH.

MONUMENT

DES SAINTES MAXIMA, DONATILLA ET SECUNDA

PROVENANT DE TICHILLA (*TESTOUR*)

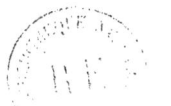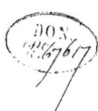

L'inscription reproduite ici est gravée sur une pierre calcaire de 0^m,69, haute de 0^m,78, épaisse de 0^m,13. Elle a été enlevée du dallage de la cour dans la mosquée de Testour, et transportée au Musée. Ses lettres grossières, capitales mêlées d'onciales, me paraissaient être du Ve siècle : elles sont formées par un double trait qui les détache en relief. Cette petite légende a été plusieurs fois reproduite ; mais les copies (1) qui en ont été données sont toutes incomplètes, et, sauf celle de l'*Ephemeris epigraphica* (2), très inexactes. Elle se lit ainsi :

Santas tres | maxima | et donatilla | secunda | bona puella | stefanus.

Les noms des trois saintes africaines nous sont depuis longtemps connus par un passage d'Actes fort importants, ceux du martyre de Crispina, décapitée en Afrique vers l'année 304. En la sommant de sacrifier, le proconsul lui rappela, y lisons-nous, le supplice de ces jeunes chrétiennes : « Veux-tu vivre, lui dit-il, ou bien veux-tu mourir dans les tourments comme tes compagnes Maxima, Donatilla et Secunda (3) ? » Un écrivain du IXe siècle, dont le Martyrologe se recommande par l'antiquité des documents dont il procède, Adon de Vienne, a eu entre les mains un vieux manuscrit où se trouvaient les

---

(1) *C. I. L.* VIII, 1429. — *Bull. arch. du Com. des trav. hist.*, 1879, p. 373. — R. P. de Smedt, *Analecta Bollandiana*, t. IX, et tirage à part, Bruxelles, 1890.

(2) *Eph. epigr.*, t. V, n° 539.

(3) Ruinart, *Acta sincera*, éd. de 1713, p. 450.

Actes de ces saintes (1). Dans l'extrait qui nous en est donné, nous voyons qu'elles périrent pour le Christ à *Tuburbo Lucernaria,* ville de l'Afrique Proconsulaire.

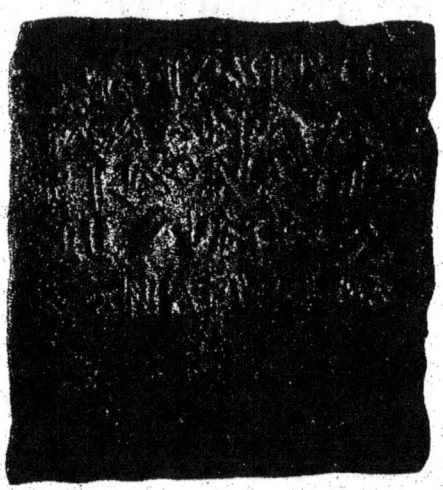

Deux sœurs jeunes et belles, Maxima et Donatilla, avaient été amenées devant le proconsul Anulinus, et vainement sommées de sacrifier. Au moment où le juge païen les faisait conduire en prison, une très jeune fille, nommée Secunda, la *bona puella* de notre inscription, les vit de sa fenêtre, et, frappée d'admiration pour leur foi et pour leur courage, elle s'écria : « Attendez-moi, voici que je viens avec vous. » Toutes trois furent mises à la torture, et décapitées, après avoir été exposées dans le cirque à un ours qui, d'après le narrateur, refusa de les assaillir (2).

Un manuscrit de la Bibliothèque Nationale, dont le savant P. de Smedt a récemment publié de curieux extraits, contient un texte inédit des Actes des trois saintes (3). C'est un récit plus étendu que celui de l'évêque de Vienne

(1) Prooemium du Martyrologe, édit. de 1613, p. 1.
(2) *Martyrologium,* au 30 juillet. Voir à la même date le *Kalendarium Ecclesiae Carthaginiensis,* publié par Mabillon, *Vetera analecta,* édit. in-folio, p. 166 et 177.
(3) *Analecta Bollandiana,* t. IX (1890).

et où figurent les mêmes traits. Les jeunes martyres, écrit Adon, ont péri sous le règne de Gallien (1). Le nouveau texte associe à ce nom celui de Maximien (2). C'est le seul qu'il nous faille retenir, si, comme le marquent les deux narrations, elles ont été jugées par Anulinus, proconsul d'Afrique sous Dioclétien, et si le nom de ce magistrat n'a pas été mis ici au hasard, ainsi que nous le voyons ailleurs, comme personnifiant pour les chrétiens le type même du persécuteur (3).

Le nouveau texte ne saurait prendre place dans la série des admirables pièces, Actes proconsulaires ou *Passiones*, que nous a laissée l'Église d'Afrique. La réunion faite, dans la date, des noms de Gallien et de Maximien, suffit à montrer qu'il est postérieur à l'âge des persécutions. Il en est de même, ainsi que l'a noté le R. P. de Smedt, pour le mot *pagani* mis dans la bouche du juge, alors qu'il demande aux filles amenées devant lui si elles sont chrétiennes ou païennes. La mention inévitable d'une bête féroce épargnant les chrétiennes n'a rien de rassurant, en ce qui touche l'antiquité du récit. C'est là, comme je l'ai montré ailleurs, un détail qui, si je puis parler ainsi, était de style dans les rédactions de seconde main (4), de même que les miracles intervenant pour sauver du viol les martyres chrétiennes (5). Le fait d'une interpolation maladroite est ici d'autant plus évident que, d'après le texte nouveau, les saintes auraient été livrées à un ours avant le prononcé de la sentence (6).

A côté de ces traits défectueux, j'en relèverai d'autres qui peuvent provenir d'un récit original. Les réponses, les acclamations des chrétiennes sont brèves, et les paroles du juge conformes à ce qu'on lit dans les Actes « sincères ». J'en dirai autant du fait de la présentation des chrétiennes par l'*officium* (7),

---

(1) « Persecutiones Gallieni sub Anolino judice passae sunt. »
(2) « In illis diebus Maximianus et Gallienus imperatores litteras miserunt... »
(3) *Les Actes des martyrs*, Supplément aux « Acta sincera », c. IV, p. 25.
(4) Mon mémoire intitulé *Les martyrs chrétiens et les supplices destructeurs du corps*. (*Mém. de l'Acad. des I. et B. - L.*, t. XXVIII, 2ᵉ partie, p. 75.)
(5) Mon mémoire intitulé *Des voies d'exception employées contre les martyrs*. (*Atti della R. Accademia dei Lincei*, 1883-84, t. XIII, p. 143.)
(6) « Tunc proconsul jussit Fortunato venatori adducere sibi ursum... ipsumque dimittere ut has virgines devoraret; bestia virgines Dei illaesas dimisit. Tunc Anolinus proconsul ex tabella sententiam recitavit... »
(7) « Anolinus proconsul officiali publico jussit eas exhibere. » Cf. *Les Actes des martyrs*, Supplément aux « Acta sincera », § 54.

du passage relatif à la prononciation de la sentence (1). Les mots : *Quid desesperas?* adressés par Anulinus à Maxima, qui se déclare prête à mourir pour le Christ, rappellent le reproche fait par les païens aux fidèles d'agir en désespérés (2). L'avertissement donné par les deux sœurs à Secunda qui veut se joindre à elles : *Numquid poteris sufferre?* répond à une préoccupation constante chez les anciens fidèles, la crainte de voir leurs frères faiblir dans le supplice (3). Notons encore les paroles de Maxima et de Donatilla torturées par le feu : *Verum est quod scriptum est in Lege : Transivimus per ignem et aquam, et pervenimus in refrigerium.* Ce passage du Psalmiste a sans doute été présent à la pensée des fidèles condamnés au même supplice, car il s'est trouvé souvent alors dans la bouche de ces courageuses victimes. J'ajoute que la plus belle et la plus antique de nos inscriptions chrétiennes de la Gaule, qui paraît appartenir à des martyrs morts dans les flammes, contient aussi la mention du *refrigerium* céleste mérité par leur constance (4).

Quoi qu'il en soit de la valeur des renseignements que nous ont conservés, sur le martyre des trois jeunes filles, le livre d'Adon et le texte nouvellement publié, l'humble pierre où revivent leurs noms est à coup sûr pour nous la plus ancienne et la plus précieuse des pièces de leur histoire.

La sixième ligne de notre petite légende porte le nom de *Stefanus*, dont les *s* sont de forme onciale (5); c'est, sans doute, celui de saint Étienne, dont les reliques, si vénérées en Afrique (6), auront été jointes à celles des trois vierges dans une *capsa* qu'accompagnait l'inscription de Testour.

EDMOND LE BLANT.

---

(1) « Tunc Anolinus proconsul ex tabella sententiam recitavit : Maximam et Donatillam et Secundam gladio puniri jubemus; » cf. *Les Actes des martyrs, Supplément aux « Acta sincera »*, § 59.

(2) Minutius Félix, c. VIII : « Homines desperatae factionis »; Tertull., *Apolog*, c. L : « Desperati et perditi existimamur »; Lactant. *Inst. div.*, V, 9 : « Desperatos vocant ».

(3) Euseb., *H. E.*, L. V, c. 1 ; Eulog. *Memoriale sanctorum*, l. II, c. x, § 18, etc.

(4) *L'Épigraphie chrétienne en Gaule et dans l'Afrique romaine*, p. 11.

(5) *Nouveau recueil des inscriptions chrétiennes de la Gaule*, p. 80.

(6) Tillemont, *Hist. ecclés.*, t. II, p. 14-21.

NOUVELLE TABELLA DEVOTIONIS

DÉCOUVERTE A HADRUMÈTE

Le feuillet en plomb reproduit dans la planche IV provient de la nécropole d'Hadrumète, comme celui dont j'ai déjà parlé (1). Il a été découvert en juin 1890, au cours des fouilles que M. Doublet, aujourd'hui inspecteur du service, conduisait pour la Direction : un ouvrier le ramena au bout de sa pioche, roulé selon l'usage. Ce coup ajouta trois trous modernes aux trois trous dont le clou du magicien l'avait percé dans l'antiquité : la perte n'est que de quelques lettres faciles à restituer. La partie de la nécropole où se fit la trouvaille est, au jugement de M. de La Blanchère, plutôt moins ancienne que celle d'où est sorti le feuillet précédent, et ne saurait être antérieure au III⁰ siècle ap. J.-C.; c'est à cette date que l'aspect de l'écriture nous ramène.

On y reconnaît deux mains différentes. Le corps de la pièce a été tracé en caractères grecs bien formés ; la première, la quatrième et la cinquième ligne ont été ajoutées après coup par un scribe qui s'est servi de lettres latines cursives pour rendre les mots grecs, avec quel succès, la transcription des premières lignes le montre suffisamment :

HORCIZOSEDAEMONIONPNEVMNTOENTHADECIMENONTOONOMATITOAGIOAΩΘ
ABAΩΘTONΘEONTOYABPAANKAITONIAΩTONTOYIAKOYIAΩ
AΩΘABAΩΘΘEONTOYICPAMAAKOYCONTOYONOMATOCENTEIMOY
ΚΑΙΦΟΒΕΡΟΥΚΑΙΜΕΓΑΛΟΥ   ΚΑΙΑΞΟΝΑΥΤΟΝΠΡΟΣΤΗΝ
CAEAPELTHEPROSTONORBANONHONETHECNVRBANA

(1) Voir p. 64-68, et Pl. IV du présent volume.

16

On remarquera, en se reportant à la planche, que la prétendue cinquième ligne est incomplète, et constitue une véritable interpolation. Le graveur avait laissé en blanc la première ligne pour y introduire plus tard le nom des esprits à invoquer, qu'on remettait souvent au choix de la personne en faveur de qui on rédigeait la formule. Il avait ensuite interrompu la quatrième ligne après ΚΑΙΦΟΒΕΡΟΥΚΑΙΜΕΓΑΛΟΥ, réservant la place du nom mystique qui leur convenait; il en avait même limité l'étendue au moyen d'un trait vertical |, qu'on voit encore en avant du Κ de ΚΑΙΑΞΟΝ dans l'entreligne; mais il avait passé le membre de phrase, commençant également par ΚΑΙ, qui devait énoncer le nom et la filiation de la personne dévouée aux esprits, et il avait tracé la phrase ΚΑΙΑΞΟΝΑΥΤΟΝΠΡΟΣΤΗΝ... Arrivé là, il s'aperçut de son oubli, et, avant d'aller plus loin, il voulut le réparer. C'est alors qu'une autre personne, peut-être le maître magicien qui employait un de ses élèves comme copiste, peut-être l'acheteuse du charme, Domitiana, fille de Candida, écrivit le début en caractères latins cursifs, et profita du vide ménagé entre ΜΕΓΑΛΟΥ et ΚΑΙΑΞΟΝ pour introduire le membre de phrase manquant. Elle traça les premiers mots en guise de cinquième ligne, puis, relevant les caractères au point de mêler ensemble les traits de ΜΕΓΑΛΟΥ et de ORBANON, elle ramena les derniers mots à la place qu'ils auraient dû occuper régulièrement en avant de ΚΑΙΑΞΟΝ. La transcription du grec en lettres latines renferme quelques fautes qui nuiraient au déchiffrement. La diphthongue αι est rendue par ae dans DAEMONION, pour δαιμόνιον, et dans CAE, pour καί. PNEVMN donne un *n* pour l'α final de πνεῦμα. CIMENON est un bon exemple d'iotacisme pour κείμενον et de prononciation dure du *c* latin devant *i*. Le τ de ἔτεκεν a été aspiré en ἔθεκεν, et le troisième ε passé. ORBANON est pour Οὐρβανόν. On se figure par cet échantillon l'aspect qu'aurait présenté le texte s'il avait été écrit tout entier en lettres latines.

Ce point élucidé, voici d'abord la transcription et la traduction du morceau : Ὁρκίζω σε δαιμόνιον πνεῦμα, τὸ ἐνθάδε κείμενον, τῷ ὀνόματι τῷ ἁγίῳ Ἀώθ, Ἀβαώθ, τὸν θεὸν τοῦ Ἀβραὰμ καὶ τὸν Ἰάω τὸν τοῦ Ἰάκου (1), Ἰάω, Ἀώθ, Ἀβαώθ, θεὸν τοῦ Ἰσρά-

---

(1) Corriger Ἰ[σ]άκου; Ἰακώβου exigerait une modification trop forte.

DÉCOUVERTE A HADRUMÈTE. 103

μα (1), ἄκουσον τοῦ ὀνόματος ἐντείμου καὶ φοβεροῦ καὶ μεγάλου, καὶ ἄπελθε πρὸς τὸν Ὁ[υ]ρβανὸν ὃν ἔτεκ[ε]ν Οὐρβανά, καὶ ἄξον αὐτὸν πρὸς τὴν Δομιτιανὰν ἣν ἔτεκεν Κανδιδὰ ἐρῶντα, μαινόμενον, ἀγρυπνοῦντα ἐπὶ τῇ φιλίᾳ αὐτῆς καὶ ἐπιθυμίᾳ, καὶ δεόμενον αὐτῆς ἐπανελθεῖν εἰς τὴν οἰκίαν αὐτοῦ, σύμβιον γένεσθαι. Ὁρκίζω σε τὸν μέγαν θεὸν τὸν αἰώνιον καὶ ἐπαιώνιον καὶ παντοκράτορα, τὸν ὑπεράνω τῶν ὑπεράνω θεῶν· Ὁρκίζω σε τὸν κτίσαντα τὸν οὐρανόν, καὶ τὴν θάλασσαν· Ὁρκίζω σε τὸν διαχωρίσαντα τοὺς εὐσεβεῖς· Ὁρκίζω σε τὸν διαστήσαντα τὴν ῥάβδον ἐν τῇ θαλάσσῃ, ἀγαγεῖν καὶ ζεῦξαι τὸν Οὐρβανόν, ὃν ἔτεκεν Οὐρβανά, πρὸς τὴν Δομιτιανάν, ἣν ἔτεκεν Κανδιδά, ἐρῶντα, βασανιζόμενον, ἀγρυπνοῦντα ἐπὶ τῇ ἐπιθυμίᾳ αὐτῆς καὶ ἔρωτι, ἵνα αὐτὴν σύμβιον ἀπάγῃ εἰς τὴν οἰκίαν ἑαυτοῦ. Ὁρκίζω σε τὸν ποιήσαντα τὴν ἡμίονον μὴ τεκεῖν· Ὁρκίζω σε τὸν διορίσαντα τὸ φῶς ἀπὸ τοῦ σκότους· ὁρκίζω σε τὸν συντρείβοντα τὰς πέτρας· Ὁρκίζω σε τὸν ἀπορήξαντα τὰ ὄρη· Ὁρκίζω σε τὸν συστρέφοντα τὴν γῆν ἐπὶ τῶν θεμελίων αὐτῆς· Ὁρκίζω σε τὸ ἅγιον ὄνομα ὃ οὐ λέγεται ἐν τῷ ἀδύτῳ, ὀνομάσω αὐτὸ καὶ οἱ δαίμονες ἐξεγέρθωσιν ἔκθαμβοι καὶ περίφοβοι γενόμενοι, ἀγαγεῖν καὶ ζεῦξαι σύμβιον τὸν Οὐρβανὸν ὃν ἔτεκεν Οὐρβανά, πρὸς τὴν Δομιτιανάν, ἣν ἔτεκεν Κανδιδά, ἐρῶντα καὶ δεόμενον αὐτῆς, ἤδη, ταχύ. Ὁρκίζω σε τὸν φωστῆρα καὶ ἄστρα ἐν οὐρανῷ ποιήσαντα διὰ φωνῆς προστάγματος ὥστε φαίνειν πᾶσιν ἀνθρώποις· Ὁρκίζω σε τὸν συνσείσαντα πᾶσαν τὴν οἰκουμένην καὶ τὰ ὄρη ἐκτραχηλίζοντα καὶ ἐκβράζοντα, τὸν ποιοῦντα ἔκτρομον τὴν γῆν ἅπας, καὶ νιζοντα (2) πάντας τοὺς κατοικοῦντας· Ὁρκίζω σε τὸν ποιήσαντα σημεῖα ἐν οὐρανῷ καὶ ἐπὶ γῆς καὶ θαλάσσης, ἀγαγεῖν καὶ ζεῦξαι σύμβιον τὸν Οὐρβανόν, ὃν ἔτεκεν Οὐρβανά, πρὸς τὴν Δομιτιανάν, ἣν ἔτεκεν Κανδιδά, ἐρῶντα αὐτῆς καὶ ἀγρυπνοῦντα ἐπὶ τῇ ἐπιθυμίᾳ αὐτῆς, δεόμενον αὐτῆς, καὶ ἐρωτῶντα αὐτὴν ἵνα ἐπανέλθῃ εἰς τὴν οἰκίαν αὐτοῦ σύμβιος γενομένη. Ὁρκίζω σε τὸν θεὸν τὸν μέγαν τὸν αἰώνιον καὶ παντοκράτορα, οὗ φοβεῖται ὄρη καὶ νάπαι καθ' ὅλην τὴν οἰκουμένην, δι' ὃν ὁ λείων ἀφείησιν τὸ ἅρπαγμα, καὶ τὰ ὄρη τρέμει καὶ ἡ γῆ καὶ ἡ θάλασσα, ἕκαστον ἰδάλλεται (3) ὃν ἔχει φόβος τοῦ κυρίου α[ἰ]ω[νίου], ἀθανάτου, παντεφόπτου, μεισοπονήρου, ἐπισταμένου τὰ γενόμενα ἀγαθὰ καὶ κακὰ καὶ κατὰ θάλασσαν καὶ ποταμοὺς καὶ τὰ ὄρη καὶ [τὴν] γῆ[ν], Ἀώθ, Ἀβαώθ, τὸν θεὸν τοῦ Ἀβραάν, καὶ τὸν Ἰαώ τὸν τοῦ Ἰάκου, Ἰάω, Ἀώθ, Ἀβαώθ, θεὸν τοῦ Ἰσράμα (4), ἄξον, ζεῦξον τὸν Οὐρβανόν, ὃν ἔτεκεν Οὐρβανά, πρὸς τὴν Δομιτιανάν, ἣν ἔτεκεν

(1) Corriger Ἰσραήλ, ici et plus bas à la ligne 39.
(2) Lire ἅπας [ἂν καὶ] καινίζοντα.
(3) Corriger probablement [ὃν] ἕκαστος [ε]ἰδάλλεται.
(4) Corriger Ἰσραήλ, comme plus haut, à la ligne 2.

Κανδιδὰ, ἐρῶντα, μαινόμενον, βασανιζόμενον, ἐπὶ τῇ φιλίᾳ, καὶ ἔρωτι, καὶ ἐπιθυμίᾳ τῆς Δο-
μιτιανῆς, ἣν ἔτεκεν Κανδιδά· ζεῦξον αὐτοὺς γάμῳ καὶ ἔρωτι συμβιοῦντας ὅλῳ τῷ τῆς ζωῆς
αὐτῶν χρόνῳ· ποίησον αὐτὸν ὡς δοῦλον αὐτῇ ἐρῶντα ὑποτετάχθηναι, μηδεμίαν μήτε γυ-
ναῖκα μήτε παρθένον ἐπιθυμοῦντα, μόνην δὲ τὴν Δομιτιανὰν ἣν ἔτεκεν Κανδιδὰ σύμβιον
ἔχειν ὅλῳ τῷ τῆς ζωῆς αὐτῶν χρόνῳ, ἤδη, ἤδη, ταχὺ, ταχύ.

 « Je t'adjure, esprit démonien ici gisant, par le nom sacré, Aôth, Abaôth,
« le dieu d'Abraham et l'Iaô d'Isaac, Aôth, Abaôth, le dieu d'Israël. Écoute
« le nom précieux, redoutable et grand, et va-t'en vers Urbanus qu'a enfanté
« Urbana, et le mène à Domitiana qu'a enfantée Candida, amoureux, affolé, ne
« dormant plus par affection pour elle et par désir, se languissant d'elle pour
« qu'elle revienne en sa maison à lui et soit sa compagne. Je t'adjure par le
« grand dieu, l'éternel et plus qu'éternel et maître de tout, le suprême des
« dieux suprêmes; je t'adjure par celui qui a fondé le ciel et la mer; je
« t'adjure par celui qui a mis les justes à part, je t'adjure par celui qui a
« divisé la mer de sa verge, — d'amener et de joindre Urbanus qu'a enfanté
« Urbana à Domitiana qu'a enfantée Candida, amoureux, torturé, ne dor-
« mant plus par désir pour elle et par amour, afin qu'il la mène compagne
« en sa maison à lui. Je t'adjure par celui qui a fait que la mule ne mette
« point bas; je t'adjure par celui qui a séparé la lumière de l'obscurité; je
« t'adjure par celui qui réduit les rochers en poudre; je t'adjure par celui
« qui a fracassé les montagnes; je t'adjure par celui qui maintient la terre
« sur ses fondements; je t'adjure par le saint nom qu'on ne dit pas dans le
« sanctuaire, je le prononcerai et les démons se dresseront frappés de stupeur
« et d'effroi, — d'amener et de joindre comme époux Urbanus qu'a enfanté
« Urbana à Domitiana qu'a enfantée Candida, amoureux et se languissant
« d'elle, tôt, vite. Je t'adjure par celui qui a fait le [grand] luminaire et les
« astres dans le ciel par un [simple] ordre de voix, si bien qu'ils sont visibles
« à tous les hommes; je t'adjure par celui qui a secoué le monde entier, qui
« décapite et met en ébullition les montagnes, qui rend la terre tremblante
« et en renouvelle les habitants; je t'adjure par celui qui a fait des signes
« dans le ciel et sur terre et sur mer, — d'amener et de joindre comme époux
« Urbanus qu'a enfanté Urbana à Domitiana qu'a enfantée Candida, amou-

« reux d'elle et ne dormant plus par désir d'elle, se languissant d'elle et lui
« demandant de revenir dans sa maison et d'être sa compagne. Je t'adjure
« par le dieu grand, éternel, maître de tout, que redoutent les monts et les
« bois dans le monde entier, par qui le lion lâche sa proie, par qui les
« montagnes tremblent et la terre et la mer, à qui chacun devient semblable
« que possède la crainte du Seigneur éternel, immortel, qui voit tout, hait le
« pervers, sait tout ce qui se produit de bien et de mal par la mer, par les
« fleuves, par les montagnes et la terre, Aôth, Abaôth, le dieu d'Abraham
« et l'Iaô d'Isaac, Iaô, Aôth, Abaôth, dieu d'Israël : amène, joins Urbanus qu'a
« enfanté Urbana à Domitiana qu'a enfantée Candida, amoureux, affolé, tor-
« turé par l'affection, par l'amour, par le désir de Domitiana qu'a enfantée
« Candida ; joins-les par le mariage et l'amour pour qu'ils vivent ensemble
« tout le temps de leur vie ; fais qu'il lui soit soumis d'amour comme un es-
« clave, ne désirant aucune ni femme, ni fille, mais qu'il n'ait que Domitiana
« qu'a enfantée Candida pour compagne pendant tout le temps de leur vie,
« tôt, tôt, vite, vite. »

La formule d'adjuration débute par un appel à *l'esprit démonien gisant ici*, c'est-à-dire à l'esprit du mort enfermé dans le tombeau où le magicien la déposa. Les papyrus grecs d'Égypte nous ont conservé plusieurs des recettes employées pour préparer les feuilles de plomb mystiques. Ils recommandent de choisir la tombe d'une personne assassinée ou morte prématurément. Cette préférence s'explique par une croyance commune à tous les peuples anciens et modernes de l'Orient, que chaque âme a son temps fixé par avance qu'elle doit passer en ce monde : si un accident, un meurtre, le suicide l'écourtent, elle doit compléter, soit dans le tombeau même, auprès du cadavre ou des cendres, soit au voisinage du tombeau, le compte des années qui lui avait été prédestiné. Les esprits de cette classe étaient moins éloignés de l'humanité que les âmes déjà émigrées à l'Hadès, ou dans l'autre monde quel qu'il fût auquel on croyait; ils étaient d'abord plus faciles, protégés par moins de dieux, de plus aigris et pervertis par leur sort. On comprend que les magiciens aient cru trouver en eux des auxiliaires mieux disposés que d'autres à les servir. Le rituel ordinaire avait pour eux une série de formules, quelques-unes en vers grossiers, où on énumérait toutes leurs catégories : ὁρκίζω ὑμᾶς δαίμονες πολυάνδριοι καὶ βιοθάνατοι καὶ ἄωροι καὶ ἄποροι ταφῆς... (1), ce que notre texte remplace par un seul terme : Ὁρκίζω σε δαιμόνιον πνεῦμα τὸ ἐνθάδε κείμενον. C'est probablement l'indice que le magicien, ou la personne en faveur de qui le magicien exerçait son art, avait connu le mort ou la morte enfermée dans le tombeau : on savait dans quelle catégorie tombait l'esprit, et l'on n'avait pas besoin d'employer à son égard une formule assez large pour qu'il ne pût échapper à l'appel, comme c'eût été le cas si l'on n'avait pas su qui il était, ni comment il avait passé de vie à trépas. La tablette de plomb a donc été consacrée assez peu de temps après l'érection du tombeau, et, si l'on parvenait à déterminer la date exacte de celui-ci, on aurait sans doute à quelques mois près le temps où celle-là a été écrite.

Le texte primitif a été rédigé par un Juif ou par un homme pénétré des idées juives : on pourrait aisément renvoyer presque partout aux passages des livres saints qui en ont dû inspirer les différents termes. Des trois noms exprimés, deux sont empruntés à la progression dérivée du nom Sabaôth, Λώθ, Ἀβαώθ, et suivis de la mention de *dieu d'Abraham* ou *dieu d'Israël*, le troisième est Iaô, l'Iaô d'Isaac. Mais les fautes que renferment ces expressions montrent que le magicien qui prépara notre feuille de plomb, et probablement aussi la Domitiana pour qui il la prépara, n'étaient ni juifs ni judaïsants : Ἰάκου pour Ἰσάκου, Ἰσράμα pour Ἰσράηλ, sont en effet des erreurs de lecture qui ne pouvaient se produire que chez des gens étrangers aux enseignements du judaïsme. En fait, le magicien a reproduit une des formules qu'il avait à sa disposition et qui étaient contenues dans son grimoire; peut-être les fautes y étaient-elles déjà, et doivent-elles être attribuées à un copiste antérieur. La plupart des livres de magie étaient originaires d'Égypte : c'est surtout à Alexandrie qu'ils avaient été composés par des hommes d'origine diverse, Égyptiens, Grecs, Syriens, Juifs, qui se passaient leurs formules, les combinaient, les complétaient pour en augmenter l'efficacité. Un

---

(1) Voir, sur les conjurations trouvées à Chypre, Miss L. Macdonald, *Inscriptions relating to sorcery in Cyprus*, dans les *Proceedings of the Society of Biblical Archæology*, 1891, p. 174.

coup d'œil jeté sur les papyrus magiques grecs de Paris, de Leyde, de Londres, de Berlin, y montrera toutes les idées dont on lit l'expression sur notre feuille de plomb. Là aussi l'opérateur adjure par le nom mystérieux et tout-puissant, τὸ ὄνομα τὸ μέγιστον ἐν θεοῖς, ὃ ἐὰν εἴπω τέλειον, ἔσται σεισμός, ὁ ἥλιος στήσεται, καὶ ἡ σελήνη ἔνφοβος ἔσται καὶ αἱ πέτραι καὶ τὰ ὄρη, καὶ ἡ θάλασσα καὶ οἱ ποταμοὶ καὶ πᾶν ὑγρὸν ὑποπετρωθήσεται, ὁ κόσμος ὅλος συνχυθήσεται (1); la nature entière est ébranlée de la même façon que dans notre texte. Il y a pourtant cette différence qu'ailleurs des noms païens ou formés de syllabes magiques sont prodigués au dieu suprême, tandis qu'ici il ne porte que des noms hébreux. Le rôle qu'on lui prête est d'ailleurs identique à celui qu'on attribuait aux autres dieux suprêmes, grecs ou égyptiens. L'opérateur ne se reconnaît pas une influence directe sur l'esprit qu'il choisit comme agent : il n'en connaît ni la nature exacte, ni le nom mystique, ni aucun des attributs; et même il n'a pas intérêt à les rechercher, l'existence de ces êtres étant nécessairement limitée et précaire. En revanche, il possède les noms et les qualités du dieu suprême, que celui-ci a révélés et qui l'asservissent aux initiés. Il s'adresse donc à celui-ci, ou plutôt, il adjure l'esprit en son nom, et, par la science qu'il déploie des attributs et des titres, il lui prouve l'étendue de sa puissance. Si l'esprit n'obéissait point, le magicien déchaînerait contre lui l'être qui le contraindrait à obéir ou le détruirait : l'esprit a donc intérêt à rendre de bonne grâce le service qu'on lui demande.

Cependant le choix d'une formule où l'on ne rencontre que des noms et des expressions hébraïques peut n'être pas accidentel et donner une indication sur la religion professée par Domitiana ou par Urbanus. Je passe sur le petit drame amoureux que le choix du mot ἐπανέλθειν semble indiquer : Urbanus est un infidèle que Domitiana veut ramener, et dans la maison de qui elle désire revenir. Les deux personnages étaient, comme l'indiquent leurs noms et peut-être le choix du terme σύμβιος, des esclaves, tout au plus des affranchis; en tout cas, ils appartenaient aux classes où se recrutaient les partisans de la φοινοῦν elle. La plupart des sectes chrétiennes avaient grande con-

(1) Leemans, *Papyri graeci Musaei antiquarii publici Lugduni-Batavi*, t. II, p. 149, l. 33-38.

fiance en l'emploi des amulettes gravés aux noms hébreux Ἰάω, Σαβαώθ, etc., et aux noms mystiques qu'on en dérivait : Ἀώθ, Ἀβαώθ, etc. Le choix d'une formule qui ne contenait aucun nom païen ne semble-t-il pas montrer que Domitiana était chrétienne? Les païens accusaient volontiers les fidèles d'avoir recours aux pratiques de la magie, et les témoignages des Pères prouvent que cette accusation était exacte (1). Sans doute Domitiana et ses pareils apaisaient les scrupules que leur causaient ces actes suspects, en n'appelant à leur aide que les noms et la personne du dieu d'Israël. C'était comme une sorte de magie blanche, qu'ils estimaient presque permise par opposition à la magie païenne. C'est ainsi qu'aujourd'hui encore, dans la haute Égypte, j'ai rencontré des prêtres coptes qui guérissent les maladies, les fléaux naturels, inspirent l'amour et le désir du mariage, et ne croient pas faire œuvre défendue, pourvu qu'ils opèrent avec des fragments de psaumes ou d'évangiles, au nom de Dieu, des patriarches, des prophètes, des anges et des saints : le crime ne commence que s'ils mêlent à leurs incantations des noms étrangers à la tradition chrétienne.

C'est là toutefois une hypothèse, sur laquelle je me garderai bien d'insister. La formule est d'origine juive, mais les motifs qui l'ont fait choisir peuvent avoir été très différents de celui que j'indique. L'étrangeté des noms avait suffi peut-être à en recommander l'emploi : un païen avait beau jeu à se figurer que le Dieu hébreu, nouveau pour lui, était plus puissant que les dieux auxquels il était accoutumé. La conjuration latine qui a été publiée plus haut procédait de la doctrine égyptienne, celle-ci procède de la doctrine juive : la population d'Hadrumète était, comme on voit, éclectique en matière de magie.

G. Maspero.

---

(1) Le Blant, *Recherches sur l'accusation de magie dirigée contre les premiers chrétiens*, p. 9 sqq.

AMPHORE CACHETÉE

D'UN CIMETIÈRE CHRÉTIEN DE TAPARURA (*SFAKS*).

En 1886, le 27e bataillon de chasseurs, exécutant à Sfaks des travaux de fortification passagère, découvrit une série de sépultures qui révélèrent l'existence d'un ancien cimetière chrétien. Le Dr Vercoutre ayant suivi les fouilles en a donné un intéressant compte rendu dans la *Revue Archéologique*, sous le titre : *La Nécropole de Sfax et les sépultures en jarres* (1).

M. Vercoutre distingue, en effet, dans ce cimetière, trois sortes de tombes : les sépultures en *caissons*, les sépultures en *auges* et les sépultures en *jarres*. Ce dernier mode d'ensevelissement se compose d'une amphore brisée ou sciée par le milieu et dont on a rapproché les deux parties en y introduisant le cadavre. Quand le corps dépassait la grandeur d'une amphore, les deux parties ne pouvant se rejoindre, on complétait le récipient funéraire par des morceaux d'autres amphores. C'est ainsi qu'étaient inhumés les enfants dans la nécropole punique de Byrsa à Carthage, et j'ai, pour l'époque chrétienne, constaté personnellement ce genre de sépulture, dans le cimetière de Damous-el-Karita, et plus loin, dans le sud de l'Algérie, près de l'oasis de Mekhadma, au Koudiat-el-Guellal, sur le bord de l'Oued-Djedi (2). Le Dr Vercoutre appelle les amphores de Sfaks des *jarres-sarcophages*.

---

(1) *Rev. Arch.*, IIIe série, t. X, p. 28 et 180.
(2) *Excursion dans le Zab occidental. Soc. arch. de Constantine*, vol. XXV, 1888, p. 270.

110   AMPHORE CACHETÉE

Parmi celles qui ont fixé surtout son attention, il en signale plusieurs dont le col « avait été préalablement fermé par un bouchon de ciment qu'on consolidait avec des fragments de poteries placés dans ce ciment pour l'empêcher de couler avant son durcissement ». Un de ces bouchons, non plus de ciment, mais d'une matière graisseuse (1), avait reçu l'empreinte d'un sceau, qui doit faire l'objet de la présente note.

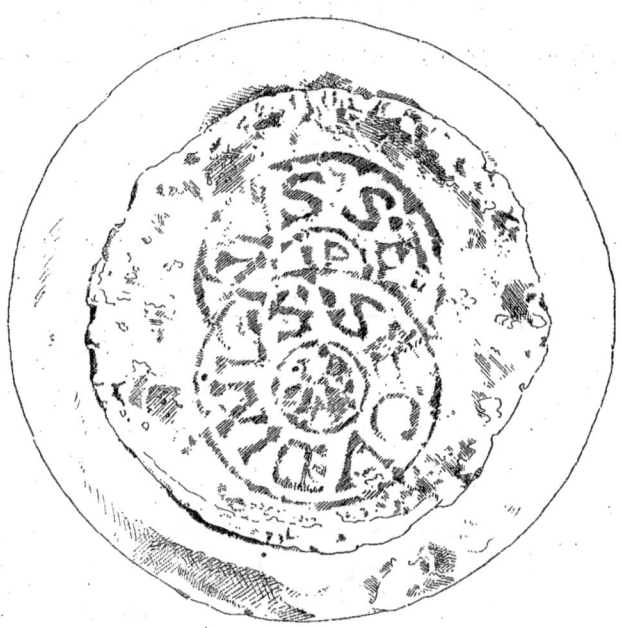

Voici la description qu'en donne M. le Dr Vercoutre, qui a offert l'amphore au musée : « Notre jarre, dit-il, a son orifice clos par un bouchon intact; formé par une masse blanche, aplanie avec les doigts, et qui paraît être de la cire, ce bouchon présente à sa surface extérieure la double empreinte d'un même cachet, l'empreinte de gauche recouvrant le tiers gauche de l'empreinte de droite appliquée la première. Cette empreinte, en creux, mesure 0^m,05 de diamètre et est formée de deux cercles concentriques, entre les-

(1) On verra plus loin que cette matière d'aspect graisseux est simplement du plâtre.

quels court circulairement une inscription en lettres régulières et assez nettes de 1 centimètre de haut. »

On y lit : SECVEDINVS.

Le D`r` Vercoutre avait lu SEVERINVS; mais il y a SECVEDINVS, avec ligature de E et de D. Le nom ainsi orthographié doit être SECVNDINVS.

Enfin le centre de ce cachet renferme le monogramme du Christ sous sa forme constantinienne, c'est-à-dire composé de X et P.

Tel est le cachet de l'amphore funéraire de Taparura.

Il convient d'en rapprocher deux estampilles du même genre trouvées à Carthage, l'une dans un terrain appelé Bir-el-Djebbana, voisin de l'amphithéâtre, et l'autre sur un point indéterminé du sol de l'ancienne ville.

La première se lit sur un lut de mortier, encore fixé dans le goulot d'une amphore. Le sceau qui a servi était rectangulaire. Comme pour l'amphore de Sfaks il a été appliqué deux fois. Mais au lieu de renfermer un nom entier, il ne donne que les initiales du *nomen* et du *cognomen* : | C M V |

La seconde est circulaire. Le sceau a été appliqué sur un disque de plâtre qui conserve au revers l'empreinte de l'orifice d'une amphore. Le centre du cachet renferme un sujet que je n'ai pu déterminer, mais autour duquel on lit très distinctement : SPESINDEO.

Voilà donc trois cachets appliqués sur matières différentes, scellant chacun l'orifice d'un vase, le premier sur une matière graisseuse (1), le second sur un lut de mortier et le troisième sur un disque de plâtre.

Dans ces trois estampilles, les caractères sont reproduits en creux. A part la double empreinte C M V, qui me paraît plus ancienne et est peut-être païenne, les deux autres sont évidemment chrétiennes. Celle de Sfaks, avons-nous dit, donne le nom de *Secundinus*. La formule *Spesindeo*, qui se lit sur celle de Carthage, est une acclamation chrétienne ou un nom propre. Comme je l'ai fait remarquer en la publiant (2), on connaît en Afrique,

---

(1) C'est l'expression dont se servait M. Gau, de Sfaks, en me parlant du cachet de Secvndinvs, qu'il a vu au moment de la découverte. Cependant M. de La Blanchère, qui a eu l'objet entre les mains, me fait observer que cette matière est tout simplement du plâtre. Le D`r` Vercoutre et M. Gau ont été trompés par l'apparence molle et visqueuse que le plâtre affecte quand il sort de la terre humide.

(2) Académie d'Hippone, *Bull.*, XXI, p. 24.

un évêque, primat de la Byzacène, qui s'appelait *Spesindeum,* et la marque SPESINDEO (1), qui se lit sur le col d'une amphore au musée de Latran, à Rome, peut aussi n'être que le nom du potier, comme les noms composés trouvés dans nos fouilles de Carthage : *Quodvultdeus, Deusdedit, Habetdeus, Deogratias, Adeodatus, Bincemalos,* etc...

Mais dans quel but apposait-on un cachet sur la fermeture des amphores? Tel est le point à examiner.

Au sujet du bouchon sigillé de la jarre-sarcophage sortie de la nécropole de Sfaks, M. le Dr Vercoutre se pose cette double question : « L'inscription donne-t-elle le nom de l'individu inhumé ou celui de l'ensevelisseur? Nous penchons, dit-il, pour cette dernière hypothèse. »

Je me permettrai d'émettre ici une troisième hypothèse qui me paraît plus vraisemblable. On en jugera par le court exposé qui suit.

Je crois, en effet, qu'il ne faut voir dans ces cachets ni le nom du défunt dont l'amphore conservait les restes, ni le nom de l'ensevelisseur, mais tout simplement celui d'un négociant qui avait expédié sa marchandise dans une amphore soigneusement bouchée et scellée de sa marque particulière, afin de prévenir toute fraude durant le transport. L'amphore, une fois brisée, peut-être par accident, ne pouvant plus rendre d'autre service, a été employée à protéger un cadavre conformément au mode de sépulture usité dans le pays. M. le Dr Vercoutre observe lui-même dans sa notice « qu'on devait utiliser toutes les jarres accidentellement brisées ». Il est donc tout naturel de voir dans le cachet de ce bouchon d'amphore, comme dans les deux cachets du Musée de Saint-Louis, la marque d'un négociant. Nous avons trouvé à Carthage toute une série d'inscriptions sur amphores, les unes peintes, les autres graffites, et ces textes doliaires ne sont autre chose que des marques de commerce ou d'expédition (2). Le sceau de l'amphore de Taparura n'a donc rien d'intentionnellement funéraire, et le nom qu'il nous a conservé est tout simplement, à mon avis, celui d'un négociant.

A.-L. Delattre.

(1) De Rossi, *Bull. di arch. crist.,* 1870, p. 13.
(2) Voy. *Mél. Éc. fr. de Rome,* t. XI.

AMULETTE

PROVENANT D'UNE TOMBE ROMAINE DE BULLA REGIA

(HAMMAM-DARRADJI).

Parmi les très nombreux objets qu'ont fournis au Musée les sépultures romaines de Bulla Regia, on remarque deux ou trois rondelles de plomb, irrégulièrement formées, d'une faible épaisseur, et d'un diamètre d'environ 6 à 8 centimètres. Il est difficile de savoir quelle place elles occupaient dans les tombes; presque toujours le contenu de celles-ci a été chaviré par les eaux qui ont parcouru le champ funèbre, et se trouve à l'état de pêle-mêle.

Une seule de ces rondelles, la plus petite, présente de l'intérêt. Plus mince que les autres, d'une rotondité moins exacte, et certainement découpée, non à l'emporte-pièce, mais à la main, elle est couverte de dessins sur ses deux faces. Nous la reproduisons ici.

Elle est plutôt ovale que ronde, son grand diamètre est de 58 millimètres, son petit diamètre de 50. Elle est légèrement gondolée, et revêtue d'une belle patine verdâtre, qui ne fait pas croûte et laisse voir tous les traits, quoique la plupart de ceux-ci soient gravés assez légèrement.

Sur l'une des faces, ces traits semblent donner une ligne de caractères qui tournerait autour du champ et se replierait sur elle-même pour finir au dedans. Sur l'autre, tout l'espace intérieur est rempli des mêmes graffiti.

M. Ph. Berger, auquel j'ai communiqué ce petit monument, ainsi qu'à M. le marquis de Vogüé et à M. Maspero, l'a signalé à l'Académie des Inscriptions et Belles-Lettres dans la séance du 3 août 1888 (1). Ces savants n'ont, pas plus que moi, trouvé de sens aux signes qui le couvrent. Il était donc intéressant d'en donner une reproduction.

En examinant ces griffonnages, on reconnaît parfaitement que quelques-uns sont bien des lettres; mais ces lettres sont à peine du même temps, du même alphabet. Sur une des faces, je vois un ou plusieurs *beth* puniques ou des *resh* de la même écriture, plus ou moins bien exécutés, quelque chose qui ressemble à un *mem* ou à un *shin*, mais quelque chose aussi qui a l'air d'être un *aleph* néopunique. Sur l'autre face, un autre *aleph* néopunique

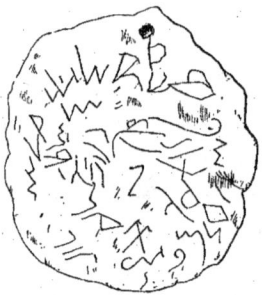 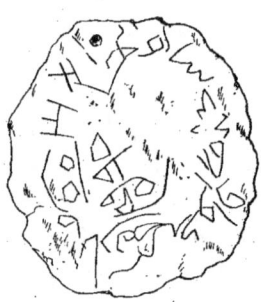

assez bien formé se détache, puis un *tsadé*, un *hé*, et d'autres apparences de lettres.

Mais il est tout à fait évident, comme l'a affirmé M. Berger, que ces caractères ne font point des mots et ne peuvent avoir aucun sens. Ils sont en effet noyés, avec les dessins indécis qui semblent d'autres lettres altérées, au milieu de tracés bizarres, jetés capricieusement, et qui sûrement n'ont jamais été de l'écriture.

Cependant un pareil grimoire n'a pas été exécuté, et déposé dans une tombe, pour rien; l'objet a bien l'aspect magique; il est né d'une idée religieuse.

Le groupe de tombes d'où il est sorti est dans la plus grande des

(1) Comptes rendus, 1889, p. 352-354.

nécropoles de Bulla Regia. Ce groupe appartient, d'après tous les indices, au second siècle de Jésus-Christ. Les noms ou surnoms libyques ou phéniciens n'y sont ni plus ni moins abondants que dans les autres, ni, à vrai dire, que dans tous les cimetières anciens de Tunisie.

L'amulette devait être suspendu, accroché ou cloué : il est percé à la partie supérieure. Quelle superstition accuse-t-il? On n'en saurait rien dire; nous connaissons trop mal l'état des croyances des Africains du second siècle, au moins dans ses détails intimes, pour pouvoir être affirmatifs. Ce qui est curieux, c'est que les centaines de sépulcres fouillés à Bulla Regia n'aient donné qu'un seul monument de cette espèce particulière.

La pensée, au premier abord, est disposée à se reporter aux *tabellae exsecrationum* que les sépultures africaines ont fournies en assez grand nombre. Mais la nécropole de Bulla, explorée à fond presque entière, n'en a pas offert une seule. On n'en a pas non plus trouvé dans les autres villes de la province, même quand on a ouvert un grand nombre de tombes au même lieu, comme à Sicca, à Thélepte, à Gergis. Les deux grandes cités de la côte, les deux capitales, Carthage et Hadrumète, sont jusqu'ici les seules qui en aient présenté : on y connaissait le grec, dont ces *devotiones* empruntent fréquemment les mots ou l'alphabet.

Quant au punique, nous n'avons aucun document permettant de savoir où il en était à Bulla vers le second siècle. La nécropole d'époque carthaginoise, que j'ai fait explorer également par les soins de M. le Dr Carton, n'a montré que des caveaux violés dès une date ancienne. Un tout petit nombre d'objets, et un seul texte néopunique, ne nous apprennent à peu près rien. Mais l'histoire de Bulla, ville royale sous les princes numides, n'a pas dû différer de celle des autres centres du royaume : avant d'être une commune romaine, c'était une espèce de colonie carthaginoise au milieu des paysans libyens. Il semblerait qu'au second siècle, le punique n'y fût plus guère dans l'usage courant de la bourgeoisie. Les épitaphes des Zaba, Zabulla, Zabullica, qu'on y rencontre, sont en latin [1], pendant qu'à Mac-

---

[1] *C. I. L.*, VIII, 14516, 14531, 14536.

tar (1) celles des Annaei, des Cornelii, d'un Felix, d'un Quadratus et de trente autres, sont en punique.

Dans tous les cas, la rondelle en question ne contient pas une *devotio*. Elle n'a rien des tablettes où se lisent les textes de cette nature, sinon qu'elle est en plomb et gisait dans une tombe; à tous les autres points de vue, elle diffère d'elles absolument.

Il est, d'autre part, évident que sa valeur mystique n'était pas dans le sens des signes, mais seulement dans leur présence, tout au plus dans leur forme et leur disposition. On pourrait croire que les lettres puniques, déjà fortement altérées, commençaient à paraître à ces gens, certainement très peu instruits, talismaniques par elles-mêmes. On a vu les populations peu éclairées de notre Europe se faire une idée analogue d'alphabets plus ou moins anciens, mystérieux pour elles : le grec, le syriaque, l'hébreu, l'arabe, les runes ont eu cette singulière fortune. Nous rencontrons peut-être ici une superstition voisine.

En résumé, ce qui est sûr, c'est que l'objet est un amulette, et que les signes qui le couvrent sont issus de lettres puniques, mais déformées, et même réduites à des tracés méconnaissables : soit que vraiment le sorcier ne fût maître ni de leur sens ni de leur figure, soit qu'il ait obéi à une règle, pour nous inconnue, de son art, soit enfin qu'il ait abusé de l'ignorance de son client, auquel il aura pu faire croire qu'il écrivait réellement quelque chose.

M.-R. DE LA BLANCHÈRE.

(1) Voir la liste des noms et surnoms, Cagnat, *Bull. arch. du Comité*, 1891, p. 527-528.

CAISSON DE TOMBE
ENTIÈREMENT DÉCORÉ DE MOSAÏQUE
THABRACA (TABARKA).

Les mosaïques découvertes pendant l'année 1890 dans les fouilles du Service des Antiquités et des Arts à Tabarka (chantier conduit par MM. Toutain, Pradère et Woog) seront, dans ce recueil, l'objet d'une étude complète. J'en détache, quant à présent, un monument unique, afin de donner quelque idée d'une série intéressante, depuis plus d'un an exposée, et dont la publication est, je le sais, attendue.

Dans un des deux cimetières explorés, le plus ancien, auprès de la basilique de Thabraca, s'est rencontré un enclos réservé, attenant à une petite chapelle, et entièrement rempli de tombes, pour la plupart en mosaïque, quelques-unes formées de caissons revêtus sur toutes leurs faces. Un de ceux-ci a pu être apporté au Musée. La planche VII le montre dans la fouille. Il occupait un coin de l'enclos, adossé à l'angle des murs; il offrait donc à la décoration trois parois, dont elle s'est emparée.

Sur le dessus, c'est le défunt. A sa tête se voient un chrisme de forme ancienne, et l'épitaphe DARDANIVS INNOCES IN PACE. C'est un enfant, comme le prouveraient d'ailleurs les dimensions de la tombe, 1^m,50 environ de longueur. Son attitude est celle de l'orant. A côté de lui brûlent deux cierges piqués sur leurs trépieds; près de sa tête et à ses pieds, des roses.

La petite face placée de ce côté n'est décorée que d'une rosace en croix, très simple, cantonnée de quatre moitiés de ces rectangles décoratifs qu'on retrouve sur des tombes voisines.

La face antérieure offre un motif connu : un grand calice en forme de cratère; des rinceaux chargés de roses en sortent, parmi lesquels s'approchent deux colombes.

Le style, et surtout la technique, montrent que nous sommes en présence d'une des plus vieilles sépultures que ce cimetière ait fournies. Pour peu que l'on ait pratiqué nos mosaïques africaines, on ne saurait faire descendre celle-ci très avant dans le cinquième siècle. Elle est d'ailleurs excellente, des plus solides, faite de cubes assez gros, largement traitée, à peu de tons, composée de calcaire et de marbres; aucun mélange de matériaux cuits.

Sans empiéter sur l'étude générale, je me bornerai à une seule remarque : le costume de Dardanius est parfaitement africain.

Il ne l'est pas exclusivement. C'est, en somme, l'habillement ordinaire des populations d'Occident pendant l'époque chrétienne; mais c'est aussi celui que nos Berbères ont gardé jusqu'au jour présent.

Sa pièce principale, dont les mosaïques tabarcaines présentent deux variétés, se porte tantôt seule, tantôt par-dessus une tunique dont les longues manches étroites, à poignets souvent décorés, demeurent découvertes. Les deux variétés se composent d'un sac pourvu de fentes latérales, permettant de passer les bras. La forme réservée aux femmes est généralement plus longue, et possède au-dessus des fentes deux courtes manches, ou plutôt deux pièces, qui ne dépassent que peu l'épaule. La forme préférée des hommes ne comporte pas ce détail : c'est le vêtement de Dardanius, c'est le *colobus*.

Or, encore aujourd'hui, dans l'Afrique du Nord, nos populations berbères, sous le burnous importé par l'Arabe, gardent la *gandoura*. Ce n'est qu'une tunique, parfois sans manches, plus communément pourvue de manches courtes et larges, qui paraissent plutôt une garniture des fentes latérales. Les indigènes la portent très souvent sous forme d'une chemise blanche, de coton ou de toile; souvent aussi elle est en soie et plus ou moins garnie. Mais elle demeure toujours unie. Par contre, elle a une variété, la « kechabia » de nos Mozabites, plus courte, vêtement de dessus, et qui ressemble à s'y méprendre à l'habit des chrétiens de Thabraca. Celui-ci est souvent plus long; mais c'est, comme elle, surtout un vêtement de dessus, sous lequel on distingue parfois les poignets d'une tunique ou chemise. La kechabia des Beni Mzab est en étoffe de laine, semblable à un tapis : elle en a les couleurs, le corps, le prix. Sur les tombes de Thabraca, les habits ont aussi cet aspect. Comme celui de Dardanius, qui est gris clair, ils sont de couleurs vives; ils ont presque tous, vers le bas, deux rosaces brodées, et quelquefois, comme lui, sur les épaules, d'autres rosaces du même genre : c'est d'ailleurs la mode partout au cinquième et au sixième siècle; cet ornement s'appelle *calliculae*.

Le *colobus* et ses variétés avaient, d'une manière constante, deux longues bandes par devant, tissées dans l'étoffe et tombant jusqu'au bas. A peu près toutes les tombes de Thabraca montrent ces bandes sur la robe des deux sexes, et certaines tombes aussi de Sfaks, qui sont d'un siècle plus anciennes. Chez Dardanius, par exception, elles s'arrêtent au tiers du chemin : elles sont noires.

Comme tous les autres défunts, dans l'un et l'autre cimetière, Dardanius a des souliers ou chaussons : les siens sont blancs, bordés et brodés en noir.

Presque tous ces orants sont flanqués de deux cierges, lesquels sont toujours coloriés, et ornés de dessins divers. Ceux de Dardanius sont décorés d'anneaux alternativement blancs, rouges, jaunes et verts. On peut acheter, dans les souks de Tunis, des cierges tout à fait semblables : ils sont employés par nos musulmans.

Enfin voici un détail de costume qui me paraît digne d'attention. C'est l'*orarium*, plié en long et porté sur le cou, et dont les bouts, brodés de rosaces et terminés par une frange, viennent pendre sur la poitrine. Très fréquent sur ces mosaïques, il y est le plus souvent blanc, comme ici. Parfois il est noué, ou jeté en écharpe comme le *pallium*, ou bien il fait deux tours de cou; on en use comme de nos cache-nez. Il est porté par les deux sexes.

On peut trouver quelque intérêt à chercher la date de cette mode.

Sur ce point, du moins pour l'Afrique, voici un document nouveau. Le Musée possède en effet, parmi les cippes découverts à Bulla Regia par M. le Dr Carton, celui d'une femme nommée Valeria Zabullica [1] qui est, au plus

---

[1] *C. I. L.*, VIII, 1453.

tard, du second siècle. L'épitaphe est accompagnée de son buste, en bas-relief. Or elle porte précisément sur les épaules l'*orarium*.

De même la tunique à deux bandes par devant, que Zabullica porte aussi, je la revois, avec l'*orarium* en écharpe, sur un caisson de tombe, du second,

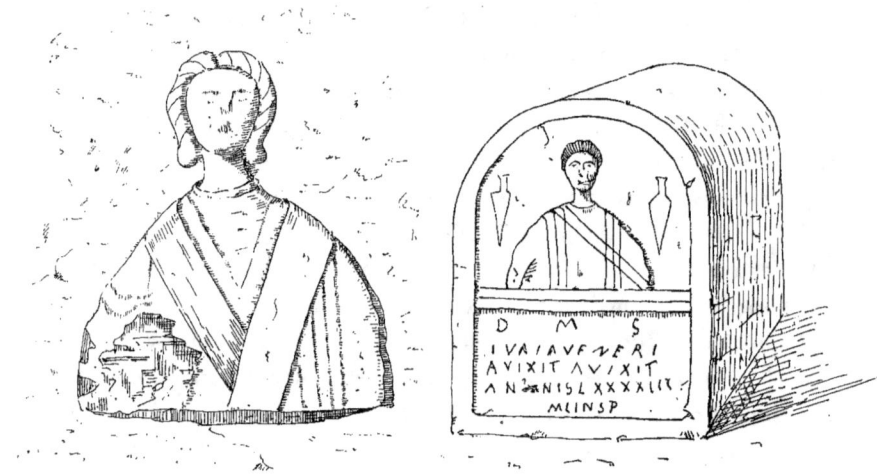

au plus du troisième siècle, extrait de cette nécropole. Julia Veneria en est vêtue dans le grossier relief qui surmonte l'inscription (1).

Ainsi donc, au moins pour les femmes, ces deux détails d'habillement, qu'on voit, sans distinction de sexe, sur les tombes chrétiennes du quatrième au sixième siècle, remontaient, en Afrique, dans la classe moyenne, sûrement à deux siècles déjà, et très probablement plus haut.

M.-R. DE LA BLANCHÈRE.

(1) Dr Carton, *Bull. arch. du Comité*, 1890, p. 166 n° 51.

COURSE DE DROMADAIRES

DANS UN CIRQUE.

MÉDAILLON DE TERRE-CUITE, HADRUMÈTE (*SOUSSE*).

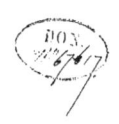

Le médaillon en terre-cuite que reproduit notre gravure a été trouvé dans la nécropole d'Hadrumète par M. le commandant de Lacomble, qui en a fait don au Musée Alaoui. Il a figuré à l'Exposition universelle de 1889 parmi les antiquités de la Section Tunisienne (1). Il mesure exactement 123 millimètres de diamètre; la planche VIII le reproduit dans les dimensions de l'original.

Cet objet appartient à une série de monuments que j'ai déjà eu l'occasion d'étudier ailleurs : je veux parler de ces médaillons en terre-cuite, que les potiers du temps de l'Empire appliquaient sur leurs vases (2).

On en connaît actuellement une centaine; un des plus intéressants est celui dont M. Waille a naguère retrouvé le moule à Cherchel; il se distingue entre tous par la correction et la pureté du dessin; on y voit un satyre arrêté dans

---

(1) *Exposition du service des antiquités et des arts de la Régence de Tunis*; Paris, Imprimerie de l'Exposition, 1889, p. 11.

(2) Georges Lafaye, *l'Amour incendiaire*, dans les *Mélanges de l'École de Rome*, 1890, p. 61 et pl. I.; *Supplicié dans l'arène*, Mémoires publiés en l'honneur de M. de Rossi par *l'École de Rome*, 1892.

ses entreprises galantes par la main de Mercure (1). Au pied d'un arbre est étendue une jeune femme endormie; le satyre, les deux bras étendus en avant, se prépare à la dépouiller de ses voiles; mais en cet instant le dieu, survenant à l'improviste, le saisit d'une main par la queue, de l'autre par un de ses pieds de bouc, et le tire violemment en arrière. Ce moule a paru digne d'être attribué à l'époque hellénistique. D'autres ayant servi au même usage, mais d'un art bien inférieur, sont conservés dans diverses collections de France (2).

Les médaillons en terre-cuite doivent être rangés dans deux catégories différentes.

Les uns ont un diamètre qui varie de 0^m,06 à 0^m,09; ils proviennent de vases à trois anses, en forme d'*olla* sphérique, se rétrécissant vers l'orifice : ils étaient groupés au nombre de trois sur chaque vase dans les intervalles qui séparaient les anses; plusieurs vases de cette famille ont été retrouvés entiers (3).

Les autres médaillons sont plus grands; leur diamètre atteint jusqu'à 0^m,15 et 0^m,16; ils proviennent de gourdes plates à deux faces; il y en avait deux par gourde, chacun d'eux couvrant une des faces; le type nous en est fourni par une gourde intacte, que l'on conserve actuellement au Musée de Saint-Germain et que l'on appelle le vase Sallier, du nom de son premier propriétaire; elle vient d'Aix en Provence et il est possible qu'elle y ait été trouvée. L'une des faces représente *Bacchus provoquant Hercule à boire*, l'autre la *Lutte d'Apollon et de Marsyas devant le tribunal des Muses*; chacun des médaillons mesure 0^m,15 de diamètre (4).

---

(1) *Revue Archéologique*, mai-juin 1892 (IIIe série, t. XIX), p. 313 et pl. XI. M. Perrot a présenté cet objet à l'Académie des Inscriptions et Belles-Lettres dans la séance du 4 mars 1892.

(2) Un trouvé à Langres (Froehner, *Musées de France*, p. 67), un autre à Vienne, dans l'Isère (Héron de Villefosse, *Gazette archéologique*, 1880, p. 182); il y en a plusieurs au Musée de Saint-Germain en Laye. Salomon Reinach, *Catalogue sommaire du Musée de Saint-Germain en Laye*, p. 117.

(3) Stephani, *Comptes rendus de la commission impériale archéologique de Saint-Pétersbourg* pour 1873, p. 68-69; Comarmond, *Description des antiquités de la ville de Lyon*, p. 42, pl. II; Héron de Villefosse, *Gazette archéologique*, 1880, p. 180.

(4) Froehner, *Musées de France*, p. 14 et pl. 3; Héron de Villefosse, dans la *Gazette archéologique*, 1880,

J'inclinerais à croire que le médaillon d'Hadrumète appartient à la seconde catégorie plutôt qu'à la première : d'abord à cause de ses dimensions; ensuite, les médaillons des gourdes remplissant presque entièrement la face sur laquelle ils étaient appliqués, il a pu arriver, lorsqu'ils se sont brisés, que la cassure extérieure en suivît exactement le contour, comme on l'observe ici ; au lieu que dans les autres le tesson, au delà du cadre qui entoure le sujet, est généralement entamé d'une façon irrégulière et comprend une partie plus ou moins grande de la surface du vase.

Ces gourdes s'appelaient *ampullae;* on y mettait du vin, de l'eau ou toute autre boisson et on les portait sur soi, lorsqu'on allait aux champs ou en voyage; on en faisait de plus petites, destinées à renfermer l'huile, dont on se frottait le corps après le bain (1).

La plupart des médaillons en terre-cuite que l'on a étudiés jusqu'ici datent de l'Empire, à l'exception de celui qu'a publié M. Waille, et même ils sont en général d'époque assez basse. Mais on a fabriqué des *ampullae* en terrecuite pendant toute l'antiquité; la céramique chypriote nous en offre des exemplaires qui remontent fort haut (2). D'autres, d'origine grecque et romaine, et qui n'ont rien d'un art en décadence, ornent les vitrines du Louvre; quelquefois elles imitent la gourde végétale et elles sont garnies, sur leur pourtour, de petits anneaux, dans lesquels on passait une corde pour pouvoir les suspendre en cas de besoin. Il faut citer notamment une belle ampoule en terre-cuite, provenant de la collection Campana, dont les faces portent deux sujets identiques, sortis du même moule; on y voit le monstre Scylla accompagné de chiens et de dauphins; la tranche du vase est sillonnée d'une double gorge, comme si le potier avait voulu imiter le soufflet des gourdes en cuir, qui étaient aussi en usage (3). Les ampoules de Saint-

---

p. 178; Salom. Reinach, *Catalogue sommaire du Musée de Saint-Germain en Laye*, p. 75, Salle de comparaison, vitrine 2, n° 9684.

(1) Saglio, article *Ampulla*, dans le *Dictionnaire des Antiquités grecques et romaines*.

(2) Perrot et Chipiez, *Histoire de l'art dans l'antiquité*, t. III, p. 691, fig. 497.

(3) Inédite. Au Musée du Louvre, ancienne collection Campana, n° 4763. Trouvée dans l'Italie méridionale. Diamètre 0^m,21. Je dois à l'obligeance de M. Edmond Pottier d'avoir pu l'observer sur place.

Ménas, quoique fabriquées pour une destination toute spéciale, rappellent encore les modèles plus anciens de l'art profane (1). Enfin dans beaucoup de collections il y en a de plus simples, dont les faces sont dépourvues de tout ornement; le Musée Alaoui en possède une, qui a été trouvée à Bulla Regia (Hammam Darradji) (2); on en a recueilli de semblables un peu partout.

Le médaillon d'Hadrumète date de la fin des temps antiques, du troisième siècle peut-être, comme la plupart de ceux qui ont été signalés en Gaule. J'ai essayé de montrer ailleurs qu'ils avaient le plus souvent un rapport avec les jeux publics. Celui-ci nous offre l'image d'une course de chars dans un cirque, sujet assez commun sur les monuments de cette catégorie (3). La scène est coupée en deux par la *spina*; au centre s'élève un obélisque, auprès duquel sont rangés à la file les ornements propres à cette partie de l'édifice (4); à gauche un autel, une architrave supportant les sept œufs (*ovarium*), puis, à l'extrémité, la statue de la Victoire sur une colonne; à droite, celle de Cybèle sur un lion, puis une architrave supportant les sept dauphins. Il est probable que dans la partie du médaillon qui a été brisée devait se trouver encore un objet, faisant pendant à la Victoire, c'est-à-dire sans doute une autre statue, élevée aussi sur une colonne. Au delà de la spina, à droite et à gauche, sont les deux bornes (*metae*), surmontées chacune de trois cônes, qui marquent les extrémités de la carrière.

L'Afrique romaine eut autant qu'aucune autre partie de l'Empire la passion des courses. Salvien (5) rapporte qu'en 439, au moment où les Vandales de Genséric approchaient des murs de Cirta et de Carthage, chrétiens et païens s'abandonnaient également à leur goût désordonné pour les jeux du

---

(1) Etienne Michon, *La collection d'ampoules à eulogies du Musée du Louvre* (Mélanges publiés par l'École française de Rome en l'honneur de M. de Rossi, 1892).

(2) Dr Carton, *La Nécropole de Bulla Regia*, dans le *Bulletin archéologique du Comité des travaux historiques et scientifiques*, année 1890, p. 194.

(3) Allmer et Dissard, *Trion*, n°s 1388, 1398, 1402, 1403; C. I. L., XII. 5687, n°s 23, 27, 28 et 32.

(4) J.-L. Pascal, article *Circus*, dans le *Dictionnaire des Antiquités* de Saglio.

(5) Salvien, *de Gub. Dei*, VI, 12 : *Circumsonabant armis muros Cirtae atque Carthaginis populi barbarorum, et ecclesia Carthaginiensis insaniebat in circis, luxuriabat in theatris.*

cirque « *insaniebant in circis* ». Tel cocher qu'on applaudissait à Rome était né en Afrique (1). Une épitaphe, découverte à Théveste (Tebessa), nous fait connaître un conducteur de chars, passionné pour son état, qui eut, certain jour, le malheur d'accrocher la borne et qui mourut de l'accident; c'était, dit le texte, la fin qu'il avait toujours souhaitée. Pour donner à ses mânes une suprême satisfaction en rapport avec ses goûts, on l'ensevelit dans le terrain du manège (2). Nous voyons jusque dans de petites villes, comme Saldae (Bougie) ou Auzia (Aumale), des particuliers instituer des *ludi circenses*, ou contribuer à la décoration des édifices qui en étaient le théâtre (3); l'un d'eux rappelle dans une inscription qu'il a fait achever à ses frais les bornes, les *ovaria* et la tribune du jury (4). M. Cagnat a visité les ruines d'un cirque sur le plateau de Thugga (Dougga) (5); et il y en a partout en Afrique. Celui de Césarée (Cherchel) a été décrit tout récemment par M. Waille (6). L'emplacement et les restes de celui de Carthage sont demeurés parfaitement visibles, et on y a trouvé naguère une statue d'un des Dioscures, qui a été transportée au Musée du Louvre (7). Le cirque d'Hadrumète ne nous est pas moins bien connu : « il était situé entre les citernes et le théâtre; il avait 400 mètres de long sur 116 mètres de large. Construit en pierres de grand appareil, à l'époque impériale sans doute, il paraît avoir été réparé en pisé à l'époque byzantine (8). » Les chevaux africains mêlés de sang espagnol étaient réputés pour leur vitesse, et souvent, transportés par mer au dehors, ils allaient disputer la victoire

(1) *C. I. L.*, VI, 10050. Tissot, *Prov. rom. d'Afr.*, t. I, p. 360.
(2) *C. I. L.*, VIII, 16566.
(3) *Ibid.*, 8938 et 9052.
(4) *Ibid.*, 9065 : *Perfectis metis et ovaris itemque tribunali judicum*. Cf. V. 9067, mais la restitution de Wilmanns est bien problématique.
(5) M. Cagnat a bien voulu me donner de vive voix ce renseignement, qui complète les indications du *C. I. L.*, VIII, 15524, 15525 et 15526. M. le Dr Carton vient d'explorer le cirque de Thugga. V. la communication de M. Boissier à l'Académie des Inscriptions et Belles-Lettres, séance du 27 novembre 1891.
(6) Victor Waille, *De Caesareae monumentis quae supersunt* (1891), p. 20-21. Voyez sur le plan de la p. 17 le n° 6.
(7) Tissot, *Prov. rom. d'Afrique*, t. I, p. 645. Salom. Reinach, dans le t. II, p. 799.
(8) *Ibid.*, t. II, p. 157.

aux autres races (1). Plusieurs mosaïques curieuses, exhumées sur divers points de la contrée, nous ont conservé l'image et quelquefois les noms de ceux qui parurent jadis dans ses fêtes : c'est la mosaïque des bains de Pompeianus trouvée près de Constantine (2); ce sont celles de Césarée (3) et de Meninx (île de Djerba) (4); ce sont celles d'Hadrumète, qui figurent dans le présent recueil (5). Une autre encore, qui provient de l'oasis de Gafsa et qui, jusqu'ici inédite, est conservée au Musée Alaoui (6), représente le cirque de l'antique Capsa au moment d'une course de chars. Il est clair que le potier qui a exécuté notre médaillon avait, à Hadrumète même, dans l'immense carrière du cirque municipal, le modèle du sujet qu'il a représenté.

La course que nous avons sous les yeux est un *missus* normal : quatre biges sont engagés dans la carrière. Les cochers ont la tête couverte du chapeau à calotte bombée en forme de casque, κράνος, κασσίδιον. Ils sont vêtus de la tunique courte; leur buste et leurs jambes sont entourés de courroies, *fasciae*, suivant l'usage; ils tiennent le fouet dans la main droite et les rênes dans la gauche. Des quatre biges, celui qui est représenté en deçà de la *meta*, du côté droit, a été en grande partie endommagé par la cassure; il manque peu de chose aux trois autres.

Ce qui fait le principal intérêt de cette scène, ce sont les animaux qui servent d'attelage : les chevaux sont ici remplacés par des dromadaires, ou chameaux à une seule bosse (*Camelus arabicus*) (7).

---

(1) Veget., *Veterin.*, IV. 6 : « *Equos non inferiores prope Sicilia exhibet circo, quamvis Africa Hispani sanguinis velocissimos praestare consueverit.* » Cf. Tissot, t. I, p. 354-363.

(2) Poulle, *Mosaïque des bains de Pompeianus* (1880), pl. 1. Tissot, *ouvr. cité*, I, p. 361, pl. I. Lafaye, article *Equitium* dans Saglio, *Dictionnaire des Antiquités*, fig. 2750. C. I. L. VIII, 10889.

(3) Héron de Villefosse, *Bullet. épigr. de la Gaule*, I (1881), p. 110, II (1882), pl. XVII. *Bullet. des Antiquaires de France*, 1881, p. 189 et suiv. *Ephemeris epigraphica, Additamenta* vol. VIII, 1010.

(4) *Bulletin arch. du Comité*, 1885, p. 122, note 1. *Eph. epigr.* V, n° 1318. C. I. L. VIII, 11059.

(5) Pages 21 et 25. Lafaye, *l. c.*, fig. 2751.

(6) Cf., pour Carthage même, *Rev. Arch.* VII (1850), p. 260, pl. CXLIII, C. I. L. 10539.

(7) Arist., *Hist. an.*, II, 6, p. 164. Plin., *Hist. nat.*, VIII, 26. 1. Saglio, article *Camelus*, dans le *Dict. des Antiquités*. Tissot, *Prov. rom. d'Afrique*, t. I, p. 349.

Que l'artiste n'ait pas tiré ce détail de son imagination, mais qu'il l'ait copié sur la réalité, c'est ce dont nous ne saurions douter. Je laisse de côté la question de savoir à quelle époque le chameau a été introduit en Afrique; M. Salomon Reinach l'a déjà traitée ici avec beaucoup d'érudition; et en tout état de cause, notre médaillon, comme il l'indique (1), ne nous apporte sur ce sujet aucun élément nouveau d'information, d'abord parce que le monument date, selon toute vraisemblance, d'un temps où l'usage du chameau était devenu plus commun en Afrique; et ensuite parce que les Romains montraient dans les lieux de spectacle des animaux rares, qu'ils faisaient venir à grands frais des contrées les plus lointaines.

Ce fut sous Claude, en l'an 42, qu'eut lieu dans un des cirques de la ville de Rome la première course de chameaux qui soit mentionnée par les textes (2). Néron proposa même des prix pour des quadriges de chameaux, par conséquent pour des attelages encore plus brillants et plus extraordinaires que ceux du médaillon d'Hadrumète (3). Ce spectacle fut renouvelé sous Héliogabale (4). Mais il est probable que dans la ville de Rome il n'eut jamais qu'un succès de curiosité et qu'il ne fut donné qu'à titre d'exception : dans la course de l'an 42 il n'y eut qu'un seul *missus* de chameaux contre douze de chevaux; les auteurs n'auraient pas eu l'idée d'en conserver le souvenir à trois reprises différentes, s'il avait été plus commun. Les habitants de Rome préférèrent toujours dans les jeux publics les chevaux de noble race, qui joignaient à la rapidité de leur allure la beauté des formes. Mais les courses de chameaux purent revenir plus fréquemment dans un pays comme l'Afrique, où il était beaucoup plus facile qu'à Rome de se procurer et d'entretenir ces animaux.

Les chameaux ne furent même pas les seuls animaux qui, chez les Romains, remplacèrent quelquefois les chevaux. Chaque année, aux Consualia du

---

(1) Page 44.
(2) Dio, LX. 7 : Ἐν τῷ ἱπποδρόμῳ κάμηλοί τε ἅπαξ, καὶ ἵπποι δωδεκάκις ἠγωνίσαντο.
(3) Suet., *Nero* 11 : (*Nero*) *commisit etiam camelorum quadrigas*.
(4) Lamprid., *Heliog.* 23 : *Fertur (Heliogabalus) junxisse etiam camelos quaternos ad currus in circo privato spectaculo*.

15 décembre, on donnait dans le Grand Cirque une course de mulets attelés, parce que le mulet passait pour avoir été le premier animal qu'on eût dressé à traîner des chars (1). Sous Néron « le goût de l'empereur pour les courses ayant enorgueilli les éleveurs de chevaux et les conducteurs de chars au point qu'ils se montraient d'une insolence révoltante envers les préteurs et les consuls, A. Fabricius, durant sa préture, irrité de leur refus de lutter pour un prix modéré, se passa d'eux; il amena dans le cirque, au lieu de chevaux, des chiens qu'il avait habitués à tirer des chars (2) ». Héliogabale donna dans le quartier du Vatican une course, un *missus*, où les quatre quadriges étaient traînés par des éléphants; il est probable qu'elle n'eut pas lieu dans le cirque construit par Néron, dans le *Circus Neronianus*, qui était un des ornements de ce quartier. On dut aménager pour la circonstance une piste particulière; car Lampride ajoute, après avoir rapporté le fait, que par ordre de l'empereur on abattit les tombeaux qui se trouvaient sur l'emplacement dont il avait fait choix. Sans aucun doute les cirques plus anciens n'avaient pas de piste assez large pour que seize éléphants pussent y passer de front. Mais c'était là une fantaisie coûteuse autant que bizarre (3).

Ginzrot, dans sa vaste compilation, a énuméré, avec le défaut de critique qui le caractérise, un certain nombre de textes et de monuments antiques, relatifs à des chars attelés d'animaux divers, que nous ne sommes pas habitués dans nos climats à considérer comme des animaux de trait (4). Si l'on reprenait la matière après lui, pour l'exposer avec plus d'ordre et de méthode, il faudrait distinguer les catégories suivantes :

---

(1) Festus, *Ep.*, p. 148 (éd. Müller) : *Mulis celebrantur ludi in Circo Maximo Consualibus, quia id genus quadrupedum primum putatur coeptum currui vehiculoque adjungi.*

(2) Dio, LXI, 6 : κύνας διδάξας ἕλκειν ἅρματα ἀντὶ ἵππων ἐσήγαγε.

(3) Becker, *Topogr. der St. Rom*, note 1464. — Lamprid., *Heliogab.*, 23 : *Fertur elephantorum quatuor quadrigas in Vaticano agitasse, dirutis sepulchris quae obsistebant.* Il ne faut pas traduire, comme on l'a fait, « des quadriges de quatre éléphants », ce qui serait une tautologie; Lampride veut parler d'un *missus* normal, qui comportait quatre chars.

(4) Joh. Chr. Ginzrot, *Die Wagen und Fahrwerke der Griechen und Roemern*, 2 vols. 4°. Munich, 1817. V. le chapitre XIV intitulé *Ungewoenliche und fremde Zugthiere.*

I. Sujets de fantaisie, scènes mythologiques empruntées aux cycles de Diane, de Bacchus, de Cybèle, etc. Le nombre en est infini.

II. Scènes réelles, sans rapport avec les jeux. Les auteurs racontent que de riches personnages se donnèrent le plaisir de se faire traîner sur les grandes routes et dans les jardins de leurs villas et de leurs palais par des chiens, des cerfs ou même par des animaux féroces, qu'on avait apprivoisés pour leur usage particulier (1).

III. Scènes réelles, rappelant les processions religieuses ou triomphales, dans lesquelles les voitures étaient traînées par des éléphants, ou par d'autres animaux sauvages, dressés à supporter le joug. On en vit souvent paraître dans la *pompa*, qui précédait les jeux du cirque; elle imitait, comme on sait, les processions triomphales (2).

IV. Scènes rappelant les courses du cirque. Ce sont les seules qui nous offrent véritablement un point de comparaison avec le médaillon d'Hadrumète et les seules par conséquent qu'il convient d'examiner ici avec quelque détail. Voici une série de monuments où elles sont représentées :

1° *Amour traîné par deux dromadaires.* Il tient un fouet de la main droite, et les rênes de la gauche. Le char vient de tourner la borne, couronnée d'un chapiteau corinthien. A l'extrémité du cirque se dresse la colonne supportant les dauphins. Bas-relief en marbre. Musée du Louvre. Provient de la villa Borghese.

Petit-Radel, t. I, 66; Bouillon, t. III, *Bas-reliefs*, pl. VIII; Ginzrot, taf. LXII, 1; Clarac, *Catal.*, 32, *Musée*, pl. CLXII, 90; Froehner *Sculpt. du Louvre*, n° 367.

2° *Amour traîné par deux sangliers.* On voit au fond le portail des barrières, les dauphins, la borne et l'obélisque. Bas-relief en marbre. Même collection. Même provenance.

---

(1) Cic., *ad Attic.*, X, 13; Plin., *Hist. Nat.*, VIII, 21; Mart., IV, 52; Plut., *M. Anton.*, 9; Lamprid., *Heliogab.*, 28..., etc. V. Cougny et Saglio, article *Bestiae*, dans le *Dict. des Antiquités*.

(2) Athen.; V, 33; Pausan., VII, 18, 12; Vopisc, *Aurelian.* 33; Saglio, art. *Circus*, p. 1193, dans le *Dict. des antiq.*, t. II.

Petit-Radel, t. 1, 67; Bouillon, t. III, *Bas-reliefs*, pl. VIII; Ginzrot, taf. LXII, 2; Clarac, *Catal.*, n° 225, *Musée*, pl. CLXII, 89; Froehner, n° 364.

3° *Amour traîné par deux gazelles*. Bas-relief en marbre. Même collection. Même provenance.

Petit-Radel, t. I, 68; Bouillon, t. III, *Bas-reliefs*, pl. VIII; Grinzrot, taf. LXII, 3; Clarac, *Catal.*, n° 225, *Musée*, pl. CLXII, 88; Froehner, n° 366.

4° *Amour traîné par deux sangliers*. A droite un autel, comme on en voyait sur la *spina* du cirque. Bas-relief en marbre. Musée du Vatican.

Visconti, *Musée Pio Clementino*, t. IV, pl. XII (1).

5° *Course de quatre Amours*. Les trois premiers chars sont traînés chacun par deux chèvres, le quatrième par deux biches. Des cyprès figurent les bornes de la carrière. Peinture trouvée à Pompéi dans la maison des Dioscures.

Museo Borbonico, VIII, 48, 49; Zahn, *Die schoenste Ornam. aus Pompei*, II, 23, et III, 45; Gell, *Pompeiana*, II, p. 1; Helbig, *Wandgem. Campan.*, n° 787.

6° *Course de trois Amours*. Le premier char est traîné par deux biches, le second par deux cerfs, le troisième par deux boucs. Au-devant, on aperçoit les bornes. Peinture trouvée à Pompéi, probablement dans la maison dite de Joseph II.

Zahn, I, 89; Helbig, n° 789.

Je me borne à mentionner ici les monuments où l'Amour sur un char est figuré de telle sorte, et entouré de tels attributs, que l'on doive songer à une lutte où il dispute le prix de la course. On pourrait en ajouter beaucoup d'autres, dépourvus de ces attributs, et avec lesquels les premiers offrent néanmoins un rapport évident (2). Mais, sans aller plus loin, on peut

---

(1) Ginzrot a reproduit, en l'arrangeant à sa façon (taf. LXI, fig. 3 et 4) un autre bas-relief analogue, qui se voyait de son temps, dit-il (t. II, p. 221), à la Villa Farnese, par conséquent, je suppose, sur le Palatin. Je n'ai pu retrouver la trace de ce monument. Il représente deux biges, l'un de lions, l'autre de cerfs, tous deux conduits par des Amours; au fond, les *carceres* et la *meta*.

(2) Ainsi dans Matz et von Duhn, *Antike Bildwerke in Rom*, les bas-reliefs 2844 à 2846. Il faut y ajouter un grand nombre de gemmes.

voir que le bas-relief n° 1 rappelle de très près le médaillon d'Hadrumète et que le sculpteur y a mis beaucoup moins d'invention qu'on ne pourrait le croire; c'est en assistant dans le cirque à une véritable course de dromadaires qu'il a conçu le dessin de sa composition. Mais s'il en est ainsi, on doit conclure qu'il a fait de même pour les deux autres morceaux qu'il a exécutés; les bas-reliefs 2 et 3 ont les mêmes dimensions que le premier; ils proviennent également de la Villa Borghese; les chars y ont également la même forme, on y reconnaît aisément le même style, et ils ont dû entrer dans la décoration du même édifice. Le n° 1 et le n° 2 devaient se faire suite; l'artiste semble avoir voulu l'indiquer en rappelant à gauche du n° 2 l'entablement, couronné de dauphins, qui termine le n° 1 du côté droit. Il est probable que la série comprenait un quatrième bas-relief analogue, qui n'a pas été retrouvé. Si l'artiste, en représentant une course de dromadaires, s'est inspiré de la réalité, il a dû s'en inspirer aussi en exécutant les deux autres bas-reliefs. Par conséquent les scènes de cette catégorie, où le rôle des auriges est attribué à des Amours, doivent reproduire dans la même mesure l'image des jeux publics.

Nous savons du reste qu'on a vu dans les cirques romains, à titre exceptionnel, des chars attelés de cerfs, de sangliers et autres animaux aussi peu faits pour le trait; Martial (1) nous l'apprend dans une épigramme où il décrit un spectacle public auquel il avait assisté au début du principat de Domitien. « En voyant le cou tacheté du léopard supporter un joug fragile, les tigres féroces endurer patiemment le fouet, les cerfs mordre le fer doré de leur bride, les ours de Libye se montrer dociles au frein, un sanglier formi-

---

(1) Martial, I, 104, éd. Friedlaender :

> Picto quod juga delicata collo
> Pardus sustinet, improbaeque tigres
> Indulgent patientiam flagello,
> Mordent aurea quod lupata cervi,
> Quod fraenis Libyci domantur ursi,
> Et quantum Calydon tulisse fertur
> Paret purpureis aper capistris,
> Turpes esseda quod trahunt bisontes,
> . . . .
> Quis spectacula non putet deorum?

dable, tel que fut celui de Calydon, se laisser conduire avec un licou de pourpre, les difformes bisons traîner des chariots... qui ne croirait assister à un spectacle des dieux ? » Telle est la merveille dont les œuvres d'art nous ont aussi conservé le souvenir.

Ajoutons, pour terminer, que le Musée possède encore un segment, assez dégradé, de 77 millimètres de corde, d'un second disque de terre-cuite, provenant de Thenae (Henchir Tinah), donné par M. le Dr Vercoutre. On y aperçoit, sous une guirlande, les têtes et l'extrémité du sceptre de deux divinités.

GEORGES LAFAYE.

INSCRIPTION RELATIVE
AUX SALTUS IMPÉRIAUX, TROUVÉE A AIN OUASSEL

L'inscription suivante a été découverte par M. le Dr Carton près d'Ain Ouassel, à 5 kil. de l'ancienne *Uci majus,* et publiée par lui en fac-simile dans la *Revue Archéologique* (1).

Le texte qu'elle contient n'est pas moins intéressant que l'inscription trouvée il y a douze ans, également dans le bassin du Bagradas, à Souk-el-Khemis (2). Il a trait, comme celle-ci, à la vie des grands domaines impériaux, des *saltus,* dont six nous sont maintenant connus, dans cette même partie de l'Afrique, par leurs noms et par leur position. On trouvera donc, je l'espère, quelque utilité à voir exposer les questions importantes qu'il soulève, sans que j'aie la prétention de les avoir, dès ce premier travail, définitivement résolues.

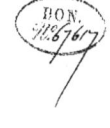

I.

L'inscription est gravée sur les trois faces d'un autel en calcaire. « Heureusement pour la conservation de ce monument, écrit M. Carton, il était enfoui, et les deux ou trois lignes supérieures ont seulement subi depuis peu de temps l'action des agents atmosphériques. Tout le reste est en bon état de conservation. La pierre était en place, reposant sur une couche de moellons réunis par un ciment résistant. Elle avait à peine subi une légère poussée

---

(1) *Rev. Arch.,* 1892, p. 214-222.
(2) *C. I. L.* VIII, 10570 = 14464.

de la part des terres, qui présentaient en ce point une assez forte inclinaison. Elle a une hauteur de 0ᵐ,95. La partie parallélépipédique, qui porte le texte, a 0ᵐ,60 de hauteur; sa largeur est de 0ᵐ,53 pour les faces où se lisent les textes nᵒˢ 1 et 3, et 0ᵐ,40 pour les autres (texte n° 2). La corniche qui la surmontait a disparu, et avec elle les premières lignes, ou la première ligne, de chacune des colonnes. Il est impossible d'en indiquer le nombre. »

« Le texte ne s'achève pas, dit plus loin M. Carton, avec la dernière ligne du texte n° 3; il est donc probable qu'au moins un autre autel semblable, situé dans le voisinage, devait en porter la continuation. Comme la pierre était en place, il est possible qu'en exécutant quelques recherches, on arrive à la trouver. » Nous souhaitons vivement que cet espoir ne soit point déçu, et que, s'il en est ainsi, les parties manquantes viennent un jour rejoindre au Musée celles qui nous sont jusqu'ici conservées.

Voici, en attendant, une reproduction du texte revue, une fois de plus, sur la pierre par M. J. Wierzeyski :

Face 1.

```
            IISEVERIPII
          OMNAEAVG·MAR
        ORVMARAMLEGISDIVIHA
      DRIANIPATROCLVSAVGGGLIB
5.    PROCINSTITVITETLEGEMINFRA
      SCRIPTAMINTVLIT
      EXEMPLVMLEGISHADRIANAE
      INARAPROPOSITA·SERMO.PROCV
      RATORVM·QVIDCAESARN·PROIN
10.   FATIGABILICVRATORPERQV
      AMADSIDVEPROHVMANISVTI
      LITATIBVSEXCVBATOMNESPAR
      TESAGRORVMQVAMTAMOLEIS
```

Face 2.

```
          QVAEINCENTV
        ISSALTVSBLANDIANI
        NETIISPARTIBVSSV
      QVAEEXSALTVLAMIANOETDOMI
5.    ITIANDIVNCTATHVSDRITANO
      SVNNECACONDVCTORIBVSEX
```

L'INSCRIPTION D'AIN OUASSEL.

```
         CENTVRISQVEQVIOCCVPAVERINPOS
         SIDENDIACFRVIDIIEREDIQVES
         ORELINQVENDIIDIVSDATVR
10.      QVODETLEGEHANACOMPRE
         HENSVMDERVDIBVSAGRIS
         ETIISQVIPERXANOSCONTI
         NVOSINCVLTISUNTNECEX
         BLANDIANOETVDENSISAL
15.      SALTVMAIORESDARTESERvC
```

Face 3.

```
         IVIICO
         IORIBVSOCCVPAVE
         LENTTERTIASPART
         BITDEHISQVOQVER
5.       EXLAMIANOETDOMI
         CIATHVSDRITANOSVN
         BITDEOLEISQVASQVISQ
         BIBVSPOSVERITAVTOLEASTRIS
         RVERITCAPTORUMFRVCTVVMNV
10.      DECEMPROXIMISANNISEXIGET
         SETNECDEPOMISSEPTEMANISPROXIMI
         NECALIAPOMINDIVISIONEVMQVAM
         CADENTQVMQVAEVENIBVNTAPOSSES
         SORIBVSQUASPARTESARIDASFRVCT
15.      VMQVISQVEDEBEBITDAREEASPR
         XIMOQVINQVENNIOEIDABITIN
         CVIVSCONDVCTIONEAGROCCVPA
         VERITPOSTITTEMPVSRATIONI
```

M. Carton, avec l'aide de M. Cagnat, a lu de la manière suivante :

« [*Pro salute..... Imperatoris Caesaris L. Septimi Severi*] *Pii et Juliae Domnae Aug. matris Augg., aram legis Divi Hadriani Patroclus Auggg. lib., procurator, instituit, et legem infrascriptam intulit.*

Exemplum legis Hadrianae in ara proposita.

Sermo procuratorum : Quid Caesar noster pro infatigabili curator per quam adsidue pro humanis utilitatibus excubat, omnes partes agrorum quam tam oleis. . . . . quae in centuris..... is saltus Blandiani, Udensis.... n et iis partibus su... quae ex saltu Lamiano et Domitiano junctae Thusdritano sunt, nec a conductoribus ex centuris que qui occupaverint possidendi ac fruendi he-

redique suo relinquendi id jus datur, quod et lege Hadriana comprehensum de rudibus agris. Et iis qui per decem anos continuos inculti sunt, nec ex Blandiano et Udensi sal saltu majores partes fruc. . . . . a conductoribus occupaverit et..... lent tertias partes is dare debebit. De his quoque r...... quae ex Lamiano et Domitiano saltu juncta Thusdritano sunt..... dare debebit. De oleis quas quisque..... ribus posuerit aut oleastris inseruerit, captorum fructuum nu..... decem proximis anis exiget. Set nec de pomis septem annis proximis nec alia poma in divisione umquam cadent quum quae venibunt a possessoribus. Quas partes aridas fructuum quisque debebit dare, eas proximo quinquennio ei dabit in cujus conductione agrum occupaverit; post it tempus rationi. . . . . . .

Le lecteur trouvera, dans la discussion ci-après de chaque paragraphe de ce texte, les modifications et les adjonctions de détail qu'on a cru pouvoir faire à ce déchiffrement.

II.

Il est indispensable, avant d'aborder l'explication de ce texte, de rappeler en quelques mots ce que nous a appris l'inscription de Souk-el-Khemis (1).

Cette inscription a trait à l'exploitation d'un *saltus* impérial, le *Saltus Burunitanus*, situé non loin d'Ain Ouassel (2).

Elle contient une requête, *libellus*, adressée à l'empereur Commode par les *coloni* du *Saltus Burunitanus*, qui se plaignent, en ces termes, d'être soumis à des corvées qui excèdent le taux fixé par une *lex Hadriana* : *ut kapite legis Hadriane, quod supra scriptum est, ademptum est, ademptum sit jus etiam Proc(uratoribus), nedum Conductori, adversus Colonos ampliandi partes agrarias aut opera(rum) praebitionem jugorumve; et, ut se habent*

---

(1) Voyez sur ce point : Mommsen, *Hermès*, t. XV, p. 385 et suiv.; Esmein, *Journ. des Sav.*, novembre 1880; Cagnat et Fernique, *Rev. Arch.* 1880, p. 94 et suiv.; Fustel de Coulanges, *Recherches sur quelques problèmes d'histoire*, p. 25 et suiv.

(2) Voyez l'article de M. Carton dans la *Rev. Arch.*, où la situation des *saltus* est expliquée par une carte.

littere proc(uratorum), quae sunt in tabulario tuo tractus Karthag (iniensis), non amplius annuas quam binas aratorias, binas sartorias, binas messorias operas debeamus, etc.

L'empereur accueillit favorablement la demande : sa réponse fut transmise aux intéressés par les soins du procurateur du *Tractus Carthaginiensis;* l'ensemble de ces pièces fut ensuite gravé sur plusieurs autels en divers points du *Saltus Burunitanus*.

Nous apprenons par ce document comment était administré à cette époque un des domaines de l'empereur en Afrique. Le *Saltus Burunitanus* était affermé à un *conductor*, probablement pour une durée de cinq ans; ce fermier, Allius Maximus, avait, paraît-il, renouvelé plusieurs fois son bail. A côté de ce fermier en grand du *saltus*, il y avait d'autres petits cultivateurs, appelés *coloni* dans la partie du texte que nous avons citée et qui est un extrait de la *lex Hadriana*. Ils se qualifient eux-mêmes, dans leur requête, par ces mots : *tenues rustici, rustici tui, vernulae et alumni saltuum tuorum*. On a beaucoup discuté sur la condition juridique de ces *coloni;* nous aurons l'occasion de revenir un peu plus loin sur cette question. Ces *coloni* du *saltus* formaient une sorte de communauté indépendante de la cité voisine; à leur tête était un *magister*.

Il y avait en outre un *procurator* de l'empereur, résidant dans le *saltus*, qui était chargé de veiller à l'exécution du contrat entre le fisc et le *conductor* et du règlement qui fixait les rapports entre celui-ci et les *coloni*. Enfin, au-dessus de ce procurateur local, était, à Carthage, un autre procurateur préposé à l'administration de l'ensemble des domaines impériaux qui se trouvaient dans la circonscription domaniale (*Tractus Carthaginiensis*).

Telles sont les personnes qui concourent à l'administration et à l'exploitation du *Saltus Burunitanus*.

Le *conductor*, le fermier du *saltus*, est un spéculateur qui ne cultive pas lui-même. Comment exploite-t-il le domaine? Le texte ne le dit pas. Le divise-t-il en petites parcelles qu'il sous-loue à de petits fermiers, à ces *coloni* dont nous avons parlé? C'est l'opinion de M. Mommsen, qui, s'appuyant sur le sens du mot *coloni* tel qu'il résulte du langage des jurisconsultes du Digeste, voit dans ces « colons » de simples fermiers à bail ordinaire. D'autres au contraire retrouvent, dans ces *coloni,* les colons dont il est question dans les lois du Bas-Empire, les cultivateurs attachés à la glèbe (1).

Nous nous bornons ici à exposer ces opinions sans entrer dans la controverse. Nous constaterons simplement, d'après le paragraphe rapporté plus haut, que ces *coloni* doivent au *conductor* des prestations ou corvées dont le nombre et la nature ont été fixés une fois pour toutes. Ils doivent en outre des redevances en nature, *partes agrariae,* qui ne sont pas spécifiées ici, par la bonne raison que la discussion entre les colons et le fermier ne portait pas sur cette question. Si ces redevances sont rappelées ici, c'est uniquement parce qu'on s'en réfère à un chapitre de la *lex Hadriana* qui visait à la fois les corvées et les redevances. Car, et c'est là la dernière constatation, et non la moins importante, que nous voulions faire, les rapports entre les colons et le *conductor* ne sont point régis par un contrat qu'ils auraient conclu entre eux : c'est l'empereur Hadrien qui a fixé lui-même, une fois pour toutes, dans un règlement déposé dans les archives de Carthage, les obligations imposées aux colons vis-à-vis du *conductor*. Ce règlement, qui avait été confirmé à diverses reprises par les *litterae procuratorum,* ne permettait ni au fermier ni aux procurateurs d'augmenter les charges qui s'y trouvaient inscrites.

Telles sont les données principales fournies par l'inscription de Souk-el-Khemis. Essayons maintenant d'interpréter celle d'Ain Ouassel.

Il suffit de jeter un coup d'œil sur notre inscription pour être frappé de l'analogie qui existe entre les deux textes. Ici, il n'est plus question d'un *saltus,* mais de cinq, qui sont appelés *Blandianus, Domitianus, Udensis, Lamianus* et *Thusdritanus.* Nous avons sous les yeux le statut de ces cinq domaines impériaux tel qu'il a été fixé par le même empereur Hadrien, *lex Hadriana*. Et ce n'est pas, comme précédemment, une simple référence à l'acte émané de l'empereur qui nous est parvenue, c'est la *lex* elle-même, portée à la connaissance des intéressés au moyen d'une *circulaire* des procurateurs, *sermo*

---

(1) C'est l'opinion de M. Esmein et de Fustel de Coulanges.

procuratorum, — des procurateurs du *tractus* de Carthage, naturellement. Patroclus, procurateur local, a pris soin de faire graver cette circulaire sur un autel dans un ou plusieurs endroits favorables, afin que ce document pût être à tout moment à la portée de ceux qui avaient besoin de le consulter.

Nous retrouvons ici les mêmes personnages que tout à l'heure : le procurateur de Carthage, le procurateur local (peut-être y en avait-il un pour chacun des cinq domaines), les *conductores* (il y en a probablement aussi un par domaine), et enfin les cultivateurs qui sont ici appelés *possessores*. Rien, dans le texte qui est sous nos yeux, ne permet de supposer qu'ils aient reçu une autre dénomination (1).

Le texte, tel qu'il nous est parvenu, est entièrement consacré à déterminer la quotité de redevances des terres mises à la charge des cultivateurs.

Malheureusement l'inscription est incomplète. Il nous manque la fin, et nous ignorons quelle pouvait être l'étendue du document. D'autre part il y a une lacune en tête des colonnes 2 et 3, et il est impossible de savoir quel est le nombre des lignes perdues. Enfin toutes les lignes qui nous ont été conservées ne sont pas entières, et, comme nous sommes en présence d'un texte pour ainsi dire unique, il est bien difficile d'en tenter une restitution avec quelque chance de succès. Ce qui augmente encore la difficulté, c'est l'incroyable incurie du graveur, dont l'œuvre est pleine d'incorrections, à tel point que, comme nous le verrons bientôt, des passages entièrement conservés sont absolument inintelligibles.

Dans ces conditions, à peine avons-nous besoin d'avertir le lecteur que nous ne présentons qu'avec les plus expresses réserves nos restitutions, au sujet desquelles nous avons consulté M. R. Dareste, qui a, lui aussi, étudié ce texte, et M. de La Blanchère, qui a examiné de très près le monument lui-même de concert avec M. J. Wierzeyski. Nous nous sommes attaché surtout à donner un sens à la partie du texte qui a été conservée en tout et en partie, en tenant toujours compte du nombre de lettres perdues.

---

(1) Sinon, peut-être, celle de *cultores*; car, d'après M. de La Blanchère, qui a vu la pierre, il y a bien TORIBUS, ou du moins IORIBVS, en tête de la 3ᵉ colonne, ce qui permet, si ces lettres ne sont pas la fin d'un comparatif comme *superioribus*, de compléter *cultoribus*, équivalent de *possessoribus*.

Abordons maintenant l'explication des divers paragraphes; nous les avons numérotés pour faciliter notre travail.

III.

Préambule. — [*Pro salute... Imperatoris Caesaris L(ucii) Septi*]*mi Severi P*[*ii et Juliae D*]*omnae Aug(ustae) matr(is)* [*August*]*orum, aram legis divi Hadriani Patroclus Aug(ustorum trium) lib(ertus) proc(urator) instituit, et legem infra scriptam intulit.*

Exemplum legis Hadrianae in ara proposita(e).

Sermo procuratorum. Quid Caesar n(oster) pro infatigabili cura (1) TOR *per quam assidue pro humanis utilitatibus excubat, omnes partes agrorum quae tam oleis quam aliis pomis consistunt... ita constituit.*

Je me borne à reproduire le texte de M. Carton, sauf quelques légères modifications et la restitution qui le termine. Celle-ci se justifie par ce que nous lisons à la ligne 10 de la troisième partie de l'inscription : après avoir parlé *de oleis,* il continue ainsi : *nec alia poma,* etc.

Nous n'avons rien à dire de ces *partes agrorum,* qui ne sont autres que les *partes agrariae* de l'inscription de Souk-el-Khemis, les *partes fructuum* dont il est question dans la suite de notre texte et ailleurs (2).

Nous passons à la 2ᵉ colonne, dont le début manque. Elle devait contenir la fin de la phrase que nous avons restituée, et au moins une autre phrase, c'est-à-dire 2 lignes au minimum.

§§ 1 et 2... *quae in centuris junctis* (?) *Saltus Blandiani Udensisve n. et iis partibus sunt quae ex saltu Lamiano et Domitiano junctae Thusdritano sunt.*

A la ligne 2, notre restitution *junctis* cadre bien avec la lacune, qui est de

---

(1) M. Dareste propose de lire *pro...cura toro perquam;* M. de La Blanchère, après examen du monument, penserait plutôt que dans cet endroit le copiste s'est une fois de plus embrouillé dans ses lettres, et que l'original devait porter la formule toute naturelle : « *pro infatigabili cura et opera qua assidue......* » Il se peut aussi qu'il n'y ait eu dans l'orignal que *cura*, et que l'adjonction de *tor* soit le produit d'une confusion avec les dernières syllabes du mot *procurator* employé au-dessus.

(2) Hygin. *De limit.*: « *Agri autem vectigales multas habent constitutiones. In quibusdam provinciis fructus partem constitutam praestant : alii quintas, alii septimas; nunc multi pecuniam, et hoc per soli aestimationem.* — Loi 8, Cod. Just., XI, 48. »

prehensum est de rudibus agris et iis qui per decem annos continuos inculti sunt (1).

Ce paragraphe est peut-être le plus important de tous. Malheureusement le graveur l'a rendu d'une façon tellement incorrecte qu'il est à peine intelligible.

Pour rétablir le texte, il faudrait évidemment ajouter plusieurs choses omises par le graveur : il manque le complément direct du verbe *occupaverint* et le complément indirect du verbe *datur*. Ce dernier est facile à suppléer : il faut lire évidemment *eis qui occupaverint*. Il n'en est pas de même de l'autre complément. Ils ont occupé, quoi? évidemment les terres énumérées dans les paragraphes précédents, et nous avons vu que cette énumération ne nous est pas parvenue entièrement.

Il y avait donc après le mot *ex* une ou plusieurs expressions résumant cette énumération; le graveur les a omises, comme le prouve du reste le mot *que* après *centuris*. C'est peut-être une phrase, une ligne entière, qui manque, et nous ne tenterons pas de la rétablir.

En tenant compte de ces observations, voici quel paraît être le sens de ce passage : « Et il n'est point concédé, par les *conductores*, à ceux qui ont occupé les terres énumérées plus haut, le droit de les posséder, d'en jouir et de les transmettre à leurs héritiers, droit qui est concédé par la *lex Hadriana* sur les terres incultes ou abandonnées pendant une période ininterrompue de dix années. »

Ce texte ainsi interprété, — et il ne peut guère, croyons-nous, l'être autrement, — soulève des questions très graves. Il s'agit de définir la condition juridique des tenanciers des terres énumérées antérieurement et dont la redevance a été fixée. Dès lors, il y a deux points à résoudre : 1° Quelle est l'origine de leur droit? 2° Quelle en est la nature?

1° Ces tenanciers sont des personnes qui ont *occupé* ces terres, c'est-à-dire qui en ont pris possession; c'est là leur seul titre juridique. On voit que leur situation rappelle absolument celle des possesseurs de l'*ager publicus* en Ita-

---

(1) M. Dareste pense, avec raison, que ces deux phrases ne font qu'un seul et même paragraphe.

cinq lettres outre la fin du mot *centuriis*; elle se justifie en outre par l'emploi de cette expression deux lignes plus loin et dans la troisième colonne (ligne 5-6).

La restitution *Udensisve* ou *Udensisque* est certaine. On voit très bien, sur un estampage, l'V et le commencement du D. Mais ce mot suffit à remplir la lacune à une lettre près. De là la difficulté de lire le mot suivant. M. de La Blanchère a vu sur la pierre *et iis* très lisible. Malgré cela, je ne puis encore arriver à une lecture satisfaisante.

Quelles étaient ces *centuriae junctae?* Tout ce qu'on peut deviner, c'est qu'il s'agit ici de terres mesurées, et partant délimitées, comme l'étaient les terres des colonies; elles ont été détachées d'un domaine pour être englobées dans le domaine voisin, vraisemblablement pour les besoins de l'exploitation (1).

La lacune du début de notre paragraphe, dont nous ignorons l'étendue, nous fait perdre la première phrase, qui nous aurait donné la clef de tout ce qui reste. Toutefois, bien qu'il soit difficile de dire à quel nom se rapporte ce pluriel féminin *quae* (est-ce *terrae* ou *possessiones?* (2), il est à peu près certain que le sens de la première phrase était le suivant. Les *partes* sont ainsi fixées : tel tantième, suivi de l'énumération des terres soumises à ce régime. Cela résulte de la place qu'occupe le mot *partibus* dans notre paragraphe, et de la ligne 15, où on lit : *nec majores partes fructuum*, ce qui semble bien prouver que, dans la partie perdue, on avait fixé le taux qui ne devait pas être dépassé.

Quel était ce taux de la redevance? Dans la troisième colonne de l'inscription il est fixé, comme nous le verrons, au tiers des fruits, *tertias partes*; mais il est difficile d'admettre qu'il fût invariable pour tous les champs.

§ 3. *Nec a conductoribus ex centuris que qui occupaverint possidendi ac fruendi heredique suo relinquendi id jus datur, quod et lege Hadriana com-*

---

(1) Au premier abord on pourrait supposer que les *saltus* font partie des *agri arcifinii*, et que les *centuriae* au contraire, qui y ont été ajoutées, appartenaient primitivement à des *agri limitati*; mais cette hypothèse doit être écartée, puisque le texte dit formellement qu'il s'agit des centuries d'un *saltus* qui sont transférées à un autre *saltus*.

(2) On peut faire une autre hypothèse, comme nous le disons plus loin (§ 4); peut-être est-ce une simple énumération des terres qui peuvent être occupées.

lie, dont il est question dans toutes les lois agraires de la République (1). Nous avons donc la preuve que ce régime a persisté sous les empereurs et qu'il a été appliqué dans tout l'empire, tout au moins aux domaines du fisc (2).

C'est là une véritable révélation. Personne n'avait soupçonné l'existence de cet état de choses, qui n'a pourtant rien de surprenant, si l'on réfléchit que le fisc, succédant au peuple romain dans l'administration de l'*ager publicus*, a dû conserver, quand cela était nécessaire, les traditions antérieures. Notons aussi que les *agrimensores*, qui sont des praticiens, ne manquent pas de traiter des agri *occupatorii* (3) : ils ne l'auraient point fait si ces sortes de terres n'avaient plus offert que l'intérêt d'un souvenir historique.

Comment se pratiquait cette occupation? Quelles sont les personnes qui étaient admises à l'exercer? Était-ce tout le monde, ou seulement quelques-uns? Nous ne trouvons dans notre texte, tel qu'il nous est parvenu, aucune indication sur ce point; on peut même supposer que, l'eussions-nous tout entier, nous n'en serions pas mieux informés. Il est, en effet, probable que la question était plutôt du ressort de la coutume que de la jurisprudence. Toutefois, il est permis peut-être de conjecturer que ce droit d'occupation appartenait d'abord aux habitants du *saltus*, c'est-à-dire aux cultivateurs qui étaient fixés déjà sur le domaine. Ce qui nous porte à admettre cette opinion, c'est que le domaine de César avait sa charte spéciale, qui en faisait un organisme à part, indépendant de la cité voisine, et créait par là une situation privilégiée aux membres de cette espèce de communauté (4). Dès lors il n'est guère admissible que l'accès en fût ouvert, gratuitement pour ainsi dire, aux membres

---

(1) V. le commentaire de la loi de 643 par Mommsen au t. Ier du *C. I. L.*, et mes *Institutions politiques des Romains*. t. II, p. 217.

(2) On remarquera que nos tenanciers sont appelés, dans notre texte, *possessores*, tout comme les anciens occupants de l'*ager publicus*. Festus : *Possessiones appellantur agri late patentes, publici privatique, quia non mancipatione sed usu tenebantur, et, ut quisquam occupaverat, colebat.*

(3) Hygin, p. 115 : *Occupatorius ager dicitur eo, quod occupatus est a victore populo, territis exinde fugatisque hostibus*, Siculus, p. 137 et 138.

(4) Voy. notamment L. 3 *pr.* et § 1 Dig., I, 19; L. 38, § 1 Dig., L. 1, le mémoire d'Esmein et celui de Mommsen sur le *Saltus Burunitanus*.

des cités. Tout au plus ceux-ci y étaient-ils reçus quand l'élément indigène faisait défaut. Peut-être aussi l'occupant devait-il obtenir l'autorisation de quelqu'un. De qui? Du *procurator?* La forme de la phrase, *a conductoribus... jus... datur*, fait plutôt songer au *conductor*.

On pourrait se poser encore d'autres questions, par exemple celle-ci : Quelle était l'étendue que chaque cultivateur pouvait occuper? Rien, dans le texte, ne laisse supposer qu'il y eût une mesure fixe, des lots déterminés. Peut-être les choses se passaient-elles comme pour l'*ager publicus* du temps de la République, où chacun prenait possession de toute la terre qu'il espérait pouvoir cultiver (1); peut-être aussi exigeait-on que l'occupant mît effectivement son lot en culture dans un délai déterminé.

2° Passons maintenant à la deuxième question : Quelle est la nature du droit des occupants?

Notons d'abord qu'ils sont qualifiés de *possessores* à plusieurs reprises, et jamais autrement. Évidemment il faut entendre ce mot dans le sens que lui donnent les jurisconsultes, car le document que nous avons sous les yeux est un document juridique. L'occupant a donc la possession, avec les avantages juridiques que celle-ci comporte. On sait d'ailleurs que tel était le titre juridique reconnu aux détenteurs de l'ancien *ager publicus*, et, d'après une opinion généralement admise, ce serait là l'origine de la *possessio* en droit romain.

Ce qu'il y a d'étrange, c'est que notre paragraphe, pour définir la condition juridique de ces occupants, nous donne une formule négative. Il y est dit qu'ils n'ont pas le droit de posséder, de jouir et de transmettre par succession, ou plutôt que ce droit ne leur est pas concédé par les *conductores*.

Pourquoi « par les *conductores?* » Il est bien évident que les fermiers, dont le bail expire au bout de cinq ans (§ 11), ne peuvent concéder un pareil droit; cela ne pourrait être fait valablement que par le propriétaire

---

(1) Sic. Flac., p. 137 : *Nec tantum occupaverunt, quod colere potuissent, sed quantum in spem colendi reservavere*. De même Hygin, p. 115.

ou son représentant. Aussi avions-nous supposé tout d'abord que le graveur avait écrit ici *conductoribus* pour *procuratoribus;* mais la leçon du graveur paraît confirmée par le § 11, qui nous apprend que c'était au *conductor* que le possesseur payait sa redevance; c'était donc bien entre le *possessor* et le *conductor* que l'affaire se traitait.

Ce droit perpétuel, tel qu'il est défini ici, est celui qu'on applique quand il s'agit des baux à long terme du domaine public des cités, et vraisemblablement aussi du domaine public de l'État (1). C'est le *jus perpetuum*, l'emphytéose, que nous retrouvons au Bas-Empire, dans les codes de Théodose et de Justinien comme mode d'exploitation généralement en vigueur pour les domaines de la *res privata* et du *patrimonium*.

Ce droit n'est pas accordé à nos *possessores;* il n'est accordé qu'à ceux qui occupent des terres en friche ou abandonnées. Or on verra dans les paragraphes qui suivent qu'il n'est partout question que de terres de cette nature (2). On ne s'expliquerait guère d'ailleurs que *l'occupation* eût pu s'étendre à d'autres terres. On est bien obligé cependant de supposer que ceux auxquels on refusait ce *jus perpetuum* occupaient des champs d'une autre nature, c'est-à-dire des champs en culture (3).

Quoi qu'il en soit, dans les deux hypothèses, nos cultivateurs ont, sinon un droit égal, du moins un droit de même nature. Dans l'un et l'autre cas, ce sont des *occupants*, des cultivateurs sans bail.

§ 4. *Nec ex Blandiano et Udensi* SAL *saltu majores partes fructuum quisque ex possessoribus dabit.*

Ainsi que nous l'avons déjà dit plus haut, il s'agit évidemment ici de la quotité des fruits fixée au § 1er, à moins de supposer que la première partie contienne simplement l'énumération des terres qui peuvent être occupées, et qu'ici seulement commence la fixation, pour chacune des catégories, de la quotité

---

(1) Gaius, *Comment.*, III, 145:... *veluti si qua res in perpetuum locata sit, quod evenit in praediis municipum, quae ea lege locantur, ut quamdiu vectigal praestetur, neque ipsi conductori, neque heredi ejus auferatur.* L. 1 *pr.* Dig., VI, 3; L. § 1, Dig., XXXIX, 4.

(2) Le dernier paragraphe, qui paraît viser l'ensemble des dispositions, emploie l'expression caractéristique *partes aridas*, c'est-à-dire les redevances des terres arides.

(3) C'est en ce sens que M. Dareste propose de combler la lacune du début de la 2e colonne.

de la redevance qui s'y applique. Cette dernière hypothèse aurait l'avantage d'expliquer la répétition des noms des domaines, qui figurent deux fois dans l'inscription. Ce qui nous fait hésiter un peu à l'adopter, c'est le mot *partibus*, que nous avons trouvé à la 3ᵉ ligne, et qui semble bien s'appliquer à la fixation d'une quotité de fruits.

§ 5... *Quisque ex cultoribus* (1) *occupaverit, eas quae solent tertias partes fructuum dabit.*

Nous passons ici à la troisième colonne de notre inscription. Il est impossible d'essayer de rattacher ce paragraphe au précédent, puisque nous ignorons l'étendue de la lacune. Il nous paraît certain que cette phrase ne fait pas partie de la précédente, ce qui nous ferait croire que la lacune doit être de deux lignes, peut-être même plus grande. Notre restitution n'a d'autre mérite que de s'adapter exactement à la lacune.

§ 6. *De his quoque r..., quae ex Lamiano et Domitiano saltu juncta Thusdritano sunt, has (?) partes dabit.*

Même observation au sujet de la restitution. Il manque l'ablatif pluriel d'un substantif neutre formé de six lettres, que je n'ai pu trouver. Est-ce *ruribus?* Cela paraît peu vraisemblable. J'aurais préféré *reliquis*, qui aurait permis de supposer qu'il était question dans le paragraphe précédent des *saltus Domitianus* et *Thusdritanus* eux-mêmes; mais le mot est trop long pour la lacune.

§ 7. *De oleis quas quisque ex possessoribus posuerit* (2) *aut oleastris inseruerit, captorum fructuum nulla* (sous-entendu *pars*) *X proximis annis exigetur.*

§ 8. *Set nec de pomis septem annis proximis.*

La restitution du § 7 me paraît certaine; en tout cas, le sens n'est pas douteux. M. Carton avait restitué *inseruerit*, et cette lecture est confirmée par l'estampage qui porte des traces de l'*i*.

(1) La lecture *toribus* étant désormais admissible, je préfère *cultoribus* à *conductoribus*, restitution de M. Carton.

(2) Il y a, sur la pierre, non pas RIBVS, mais BIBVS très visible, ce qui confirme la restitution que m'avait suggérée, dès la lecture du rapport de M. Carton, le membre de phrase suivant, tout technique; je lis « *quas quisq [ue aut in scro] bibus posuerit aut oleastris inseruerit* », ce qui remplit, lettre pour lettre, la lacune, qui est de onze caractères.   R. B.

Ces deux paragraphes sont les seuls qui nous indiquent la nature de la production des terres. Il s'agit, on le voit, d'oliviers et d'autres arbres à fruit. Rien ne permet d'affirmer qu'il y eût d'autres cultures visées, telles que celle des céréales, des prairies, ou même de la vigne. Le délai de dix ans pour les nouveaux terrains cultivés se retrouve en matière d'impôt (1).

§ 9. *Nec alia poma in divisione umquam cadent, quum quae venibunt a possessoribus.*

§ 10. *Quas partes aridas fructuum quisque debebit dare, eas proximo quinquennio ei dabit in cujus conductione agrum occupaverit; post it tempus, rationi...*

Ces deux dispositions ont trait aux mesures d'exécution, c'est-à-dire au mode de paiement de la redevance. En premier lieu, il est dit que les fruits, — *alia*, c'est-à-dire ceux qui ne sont pas exempts de la redevance, — ne donneront pas lieu à un partage entre ceux qui les auraient achetés au possesseur et le *conductor*. Juridiquement les fruits appartiennent au fermier seul, le possesseur n'ayant aucun titre à invoquer. On comprend donc parfaitement qu'à son égard la vente des fruits faite par le possesseur soit regardée comme non avenue, et qu'on lui accorde le droit de n'avoir à partager qu'avec celui qu'il connaît (2).

Enfin la redevance doit être payée pour le prochain *quinquennium*, durée du bail du *conductor*, au fermier dans le lot duquel se trouvera placé le champ qui doit cette redevance. Passé ce délai, à qui devra-t-elle être payée? Il semblerait que ce fût au nouveau fermier, mais cette solution n'est pas certaine. Le mot *rationi* peut faire songer à la caisse de l'empereur : *rationibus Cæsaris* (3). C'est une simple conjecture que j'énonce sans y insister.

---

(1) Ulpien, L. 4 pr. Dig., L, 16 : *Forma censuali cavetur ut ager sic in censum referatur... et id arvum quod in decem annos proximos satum sit, quot jugerum ; vinea quot vites habeat; olivae quot jugerum , et quot arbores habeat pratum, quod intra decem annos proximos sectum erit*, etc.

(2) M. de La Blanchère m'atteste qu'il y a sur la pierre QVMQVAE, et croit que la restitution à faire est, non pas *quum*, mais *quam*. Dès lors, on voit que le sens de la phrase est celui-ci : « n'entreront en partage que les fruits qui seront mis en vente. » Cette interprétation, qui est aussi celle de M. Dareste, me paraît maintenant certaine : les fruits destinés à la consommation personnelle sont exempts.

(3) Cf. l'inscription de Souk-el-Khemis : *in perniciem rationum tuarum*.

Ici s'arrête notre texte, dont la fin est perdue. M. Carton a supposé que la suite pouvait être gravée sur un autre autel situé près du premier. Cela donnerait à penser qu'il nous manque au moins une colonne, soit une vingtaine de lignes. Nous ferons cependant observer que notre texte, d'après les derniers paragraphes, est à peu près complet; on ne voit guère ce qu'on pourrait y ajouter, du moins en ce qui touche l'occupation. Si donc il n'y avait pas d'autre sujet traité, la face de ce nouvel autel pouvait fort bien ne contenir que peu de chose : la sanction, c'est-à-dire la défense aux fermiers d'exiger des possesseurs plus que la quotité fixée par la *lex Hadriana*, et la date de la dédicace.

IV.

Nous pouvons maintenant dégager les résultats principaux de cette découverte.

Nous voilà désormais bien renseignés sur cette *lex Hadriana*. Il faut décidément écarter la conjecture de M. Esmein, qui avait songé à l'Édit perpétuel rédigé sur l'ordre d'Hadrien par Salvius Julianus, et reconnaître, comme l'avaient d'ailleurs indiqué M. Mommsen et Fustel de Coulanges, que nous sommes en présence d'un règlement, d'un statut fixant les conditions de l'exploitation des domaines impériaux en Afrique. Les détails minutieux qu'on y relève, la description des diverses parties de ces domaines, suivie de la fixation des redevances, ne pouvaient trouver place dans l'édit, qui ne contenait que des dispositions d'une portée générale. Par l'inscription de Souk-el-Khemis, nous savons que ce statut était divisé en chapitres; nous avons ici un de ces chapitres. Ajoutons que ce règlement, bien qu'il soit qualifié de *lex*, n'appartient pas à la catégorie des constitutions impériales (*rescriptum, edictum, mandatum*); c'est ce qui ressort de la forme, notamment de l'emploi du futur. C'est tout simplement un acte de l'empereur agissant comme aurait pu le faire tout propriétaire d'un grand domaine, et indiquant par avance les conditions imposées à ceux qui exploiteraient ses terres.

Le chapitre de cette *lex Hadriana* qui nous est parvenu traite uniquement, on l'a vu, de l'occupation de certains *saltus*, et de la condition juridique des occupants, dont nous avons pu dégager les traits essentiels malgré la mutilation du texte. Nous avons montré qu'en droit la situation de ces « occupants » était calquée sur celle des anciens « possesseurs » de l'*ager publicus* en Italie, c'est-à-dire qu'elle était fort précaire. Si on ajoute à cela que la redevance était relativement élevée (1), on est en droit d'en conclure que l'agriculture, en Afrique, était alors dans un état assez prospère, puisque les terres trouvaient preneur dans de pareilles conditions.

Une autre question se pose naturellement, c'est celle-ci : nos cultivateurs d'Ain Ouassel doivent-ils être assimilés à ceux du *Saltus Burunitanus*? On voit tout l'intérêt de cette question : sur la condition juridique de ces derniers il y a, on le sait, une grande divergence d'opinions; or la controverse cesserait si l'on parvenait à démontrer que ces cultivateurs sont dans les mêmes termes; connaissant la condition des uns, celle des autres serait par là même déterminée.

Cette assimilation, avons-nous le droit de la faire? On peut objecter que les noms de ces hommes diffèrent : les uns sont des *coloni*, c'est-à-dire, dans le langage ordinaire de l'époque, des fermiers; les autres, des *possessores*. Mais cette objection peut être facilement écartée. En effet, ces *coloni* ne sont pas de véritables fermiers; comme les *possessores*, ils tiennent leur droit, non pas d'un contrat de louage, mais de la *lex Hadriana*. Au point de vue du titre, il y a donc identité absolue.

On pourra dire aussi que les hommes du *Saltus Burunitanus* étaient soumis à des corvées, *operae*, dont il n'est pas question dans notre chapitre. Mais ce chapitre ne nous étant pas parvenu en entier, rien ne prouve que ces *operae* n'y fussent pas inscrites.

En faveur de l'assimilation entre ces deux sortes de cultivateurs, nous ferons valoir leur voisinage et l'identité des domaines sur lesquels ils sont éta-

(1) Le passage d'Hygin précité parle du cinquième et du septième des fruits. D'après Appien (*B. C.*, I, 7) les possesseurs de l'*ager publicus* ne payaient que le cinquième, ou même le dixième, selon la nature des produits.

blis. Ces domaines, qui appartiennent au même maître, l'Empereur, sont des *saltus*, c'est-à-dire des terres non cultivées (1). Pour les mettre en valeur, pour les défricher, on ne pouvait s'adresser à des fermiers ordinaires; le bail à ferme n'était pas fait pour cette hypothèse. On a eu recours à une autre combinaison, à l'*occupatio*, à l'emphytéose, qui n'est autre chose que le bail à long terme appliqué depuis longtemps aux *agri vectigales*. Du moment que le régime que nous avons défini plus haut suffisait à assurer le défrichement et la mise en valeur des cinq domaines, Blandianus, Udensis, Domitianus, Lamianus, Thusdritanus, on ne voit pas pourquoi il n'en serait pas de même pour le *Saltus Burunitanus*. Il n'est guère probable que la *lex Hadriana*, qui avait fixé les conditions d'exploitation de tous les domaines impériaux du *Tractus Carthaginiensis*, et peut-être de l'Afrique entière, ait donné à chacun un régime juridique différent. Il est, au contraire, très vraisemblable que le principe a dû être le même pour tous, sauf quelques modifications de détail, portant sur la quotité de la redevance, la nature et le nombre des *operae*, etc.

Voici une autre considération. Nous avons dit plus haut que l'occupation était réservée en principe aux cultivateurs fixés sur le domaine. Suppose-t-on que ceux-ci étaient soit des fermiers, soit des colons dans le sens technique du mot? Alors nous aurions devant nous des paysans qui détiennent des terres soumises à deux régimes différents. Mais cette distinction entre des terres occupées et d'autres n'est nullement confirmée par notre inscription, qui vise, non pas telle ou telle portion des domaines, mais les domaines tout entiers (2). Il n'y a donc rien qui nous permette de supposer qu'il y avait sur nos quatre *saltus* : 1° des occupants, 2° des fermiers ou des colons. Si ces deux catégories de cultivateurs avaient existé, les deux conditions auraient nécessairement été réunies dans les mêmes personnes, ce qui eût amené dans la pratique de graves complications.

---

(1) Varron, *L. Lat.*, V. 36 : *quos agros non colebant, propter silvas aut id genus ubi pecus posset pasci, et possidebant, saltus nominarunt*. Voy. encore les *Agrimensores*.

(2) Colonne 2 : *nec ex Blandiano et Udensi saltu*.

Ainsi, de quelque côté qu'on examine la question, on aboutit toujours au même résultat, à savoir, que la condition des cultivateurs des *saltus* impériaux devait être uniforme, et que la formule juridique de notre inscription peut s'appliquer aussi bien au *Saltus Burunitanus* qu'aux autres domaines impériaux, au moins en Afrique.

Laissons de côté ceux qui ont le *jus perpetuum*, dont la nature est bien connue, et jetons les yeux sur les autres occupants.

Leur situation était très précaire, puisqu'ils étaient absolument à la discrétion du maître, qui était libre de leur enlever leur « possession » à son gré. Toutefois cela n'était vrai qu'en théorie. En fait, on ne concevrait pas que le propriétaire vînt ainsi arracher son lot au travailleur sans raison valable. L'intérêt du maître était ici d'accord avec celui du cultivateur pour assurer une certaine stabilité à cette possession. Si le cultivateur cultivait son champ et payait régulièrement sa redevance, pourquoi le lui enlever? Pour imposer à un autre une redevance plus forte? Mais cette redevance avait été fixée une fois pour toutes dès le début! D'ailleurs une pareille pratique aurait infailliblement découragé les travailleurs. Il faut donc admettre qu'en fait les cultivateurs conservaient leurs possessions aussi longtemps qu'ils remplissaient les obligations qui leur étaient imposées, et qu'à leur mort leurs héritiers se substituaient à eux par la force même des choses. Notre formule juridique n'était qu'une réserve théorique des droits du propriétaire; on ne l'appliquait que lorsque l'intérêt du maître l'exigeait, c'est-à-dire en cas de non-paiement de la redevance.

Et la preuve que les choses se passaient bien ainsi dans la pratique, c'est que nous voyons, dans les §§ 8 et 9, que la durée de ces possessions est, du moins dans certains cas, de sept et dix ans au moins, c'est-à-dire plus longue que le bail du *conductor*. Elle est donc indépendante du bail du domaine, c'est-à-dire qu'elle ne cesse pas de plein droit à une époque déterminée; par conséquent elle est indéfinie. Il faudra, pour y mettre fin, soit que le cultivateur cesse de payer sa redevance, soit qu'il cesse de cultiver son champ, hypothèse prévue par notre texte, § 3. Ne voyons-nous pas d'ailleurs les cultivateurs du *Saltus Burunitanus* rappeler à l'Empereur qu'ils son nés sur le domaine? Cela ne prouve-t-il pas qu'ils se transmettent leurs champs de père en fils?

Si la condition juridique des cultivateurs du domaine impérial en Afrique est bien celle que nous venons de définir, on voit qu'elle ne saurait être confondue ni avec celle des fermiers ordinaires, comme le pense M. Mommsen, ni avec celle des colons, comme l'enseignent M. Esmein et Fustel de Coulanges. Le fermier a un contrat qui, en même temps qu'il lui impose des obligations vis-à-vis du propriétaire, lui crée des droits vis-à-vis de ce dernier pour un temps déterminé. Ici, rien de semblable : notre cultivateur n'a aucun droit vis-à-vis du propriétaire; il vit au jour le jour, n'ayant d'autre garantie que celle qui peut résulter de l'intérêt du propriétaire, — lequel, dans notre hypothèse, ne change jamais, puisque c'est l'État, — et de la fixité de la redevance.

Ce dernier trait rapproche notre cultivateur du colon. Les lois du Code Justinien rappellent souvent cette règle, qu'il est défendu d'augmenter la redevance due par le colon (1). Une nouvelle ressemblance, c'est qu'ils sont l'un et l'autre sans contrat. Toutefois notre cultivateur n'est pas un colon, car c'est librement qu'il a *occupé* son champ, comme il reste libre de le quitter. Mais on sent qu'il n'y a plus qu'un pas à faire pour arriver au colonat. Ce pas, le législateur le fera bientôt, en attachant le cultivateur au sol. Et cette mesure ne sera pas considérée comme oppressive : elle pourra être présentée comme aussi favorable au cultivateur qu'au propriétaire, car en même temps qu'on attachera le colon à la terre, on lui garantira la jouissance perpétuelle de cette terre, avec la charge d'une redevance fixée une fois pour toutes.

Cette transformation de la condition de nos cultivateurs n'est pas encore accomplie au début du troisième siècle, date de notre inscription. Par contre nous trouvons le colonat pleinement en vigueur dans les lois au début du siècle suivant, sous Constantin. Cette institution n'a donc pas été créée de toutes pièces par le législateur du Bas-Empire : elle est en germe dans le

---

(1) L. 1. Cod. Just., t. XI, p. 50.

statut d'Hadrien, qui n'est lui-même, on l'a vu, qu'une application d'une coutume remontant aux origines de Rome. Le législateur du Bas-Empire n'a fait en réalité que compléter l'œuvre des siècles, en attachant le cultivateur au sol, obéissant en cette circonstance à une tendance générale de cette époque, qui devait aboutir à rendre héréditaires, c'est-à-dire immuables, les diverses conditions sociales.

En résumé donc notre inscription a le grand intérêt de nous montrer l'une en germe, l'autre en pleine vigueur, au commencement du troisième siècle (198-211), deux institutions qui jouent un rôle capital, au point de vue économique, au Bas-Empire et pendant le Moyen Age : le colonat et l'emphytéose.

Pendant l'impression de ce travail, M. R. Dareste, qui s'était occupé de notre inscription, a bien voulu me communiquer les résultats auxquels il était arrivé et qui diffèrent sur certains points de ceux auxquels m'avait conduit une étude nécessairement un peu rapide. J'en ai fait mon profit au cours de ce travail; mais, pour les détails, je renvoie à l'article plus étendu que je publie dans la *Nouvelle Revue historique du Droit*.

J.-B. Mispoulet.

TABLES.

PLANCHES

                                                                                  Pages

I. Neptune et son cortège (en couleur), mosaïque d'Hadrumète. 28-29

II. Africain sur son chameau, statuette de terre-cuite d'Hadrumète. 34

III. Cuvette de fontaine chrétienne des environs de Zaghouan. 46

IV. Plaque de plomb (*tabella devotionis*), trouvée dans un sépulcre d'Hadrumète. 60

V. Dos de miroirs en bronze à reliefs, de Bulla Regia. 92

VI. Nouvelle plaque de plomb (*tabella devotionis*) d'Hadrumète. 104

VII. Caisson de tombe en mosaïque, de la nécropole chrétienne de Thabraca. 118

VIII. Médaillon de terre-cuite d'Hadrumète. 128

FIGURES

	Pages.
Entrée du Bardo en 1888, dessin de Ch. Lallemand	9
Plan du Bardo à l'échelle du 20.000° (l'ancien Harem poché noir)	12
Plan du premier étage du Musée dans l'ancien Harem	14
Panneau en nouksh-hadida	16
Mosaïque d'Hadrumète : une Panthère privée	19
Mosaïque d'Hadrumète : Chevaux vainqueurs	21
Mosaïque d'Hadrumète : Chevaux de course et Haras	25
Une femme sur un chameau, terre-cuite d'Athènes, dessin de L. Woog	35
Chameau harnaché, terre-cuite de Cyrénaïque	37
Animal peu reconnaissable, terre-cuite des environs de Thelepte, dessin de L. Woog	39
Jambage d'autel chrétien, de Ghardimaou, dessin de L. Woog	50
Cuve baptismale de Meninx (*El Kantara*), dessin de B. Pradère	51
Plan et coupe de la même, dessin de B. Pradère	52
Un des blocs de marbre de la même, dessin de B. Pradère	54
Fragment d'une table, sans doute autel, de Sicca (*Le Kef*), dessin de L. Woog	55
Fragment d'une pierre tombale chrétienne, de Sicca, dessin de B. Pradère	56
Tablette de plomb (*tabella devotionis*), de Carthage	63
Relief de miroir en bronze, de Bulla Regia, dessin de L. Woog	91
Hélène et Ménélas, bas-relief	93
Même sujet, peinture d'un vase de Vulci	95
Monument des saintes Maxima, Donatilla et Secunda	98
Bouchage cacheté d'une jarre-sarcophage, dessin de L. Woog	110
Amulette provenant d'une tombe de Bulla Regia	114
Buste de femme sur un cippe de Bulla Regia, dessin de B. Pradère	120
Buste de femme sur un caisson de tombe de Bulla Regia, dessin de B. Pradère	ibid.

TABLE DES MATIÈRES

	Pages.
A S. A. le Bey de Tunis.	6
Introduction.	9
M.-R. de La Blanchère. — Mosaïque représentant le cortège de Neptune (Hadrumète, Sousse).	17
Salom. Reinach. — Africain sur son chameau, terre cuite (Hadrumète).	33
Abbé Duchesne. — Monuments du culte chrétien : I. Cuvette de fontaine et jambage d'autel.	45
II. (R. B.) : Cuve baptismale, fragment de table, pierre tombale.	51
M. Bréal et G. Maspero. — *Tabella devotionis* de la nécropole romaine d'Hadrumète.	57
J. Toutain. — L'inscription alimentaire de Sicca (*Le Kef*).	69
Salom. Reinach. — Reliefs de miroirs en bronze (Bulla Regia, *Hammam Darradji*).	85
Edm. le Blant. — Monument des saintes Maxima, Donatilla et Secunda (Tichilla, *Testour*).	97
G. Maspero. — Nouvelle *tabella devotionis* de la nécropole romaine d'Hadrumète.	101
R. P. Delattre. — Amphore cachetée provenant d'un cimetière chrétien (Taparura, *Sfaks*).	109
M.-R. de La Blanchère. — Amulette provenant d'une tombe romaine de Bulla Regia.	113
M.-R. de La Blanchère. — Caisson de tombe en mosaïque (Thabraca, *Tabarka*).	117
G. Lafaye. — Course de dromadaires dans un cirque, médaillon de terre-cuite (Hadrumète).	121
J.-B. Mispoulet. — Inscription relative aux *saltus* impériaux trouvée à Aïn Ouassel.	133
Tables.	155

Achevé d'imprimer

Décembre 1892.

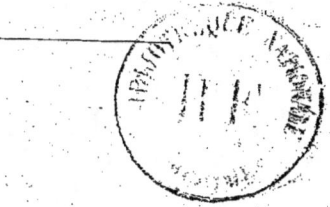

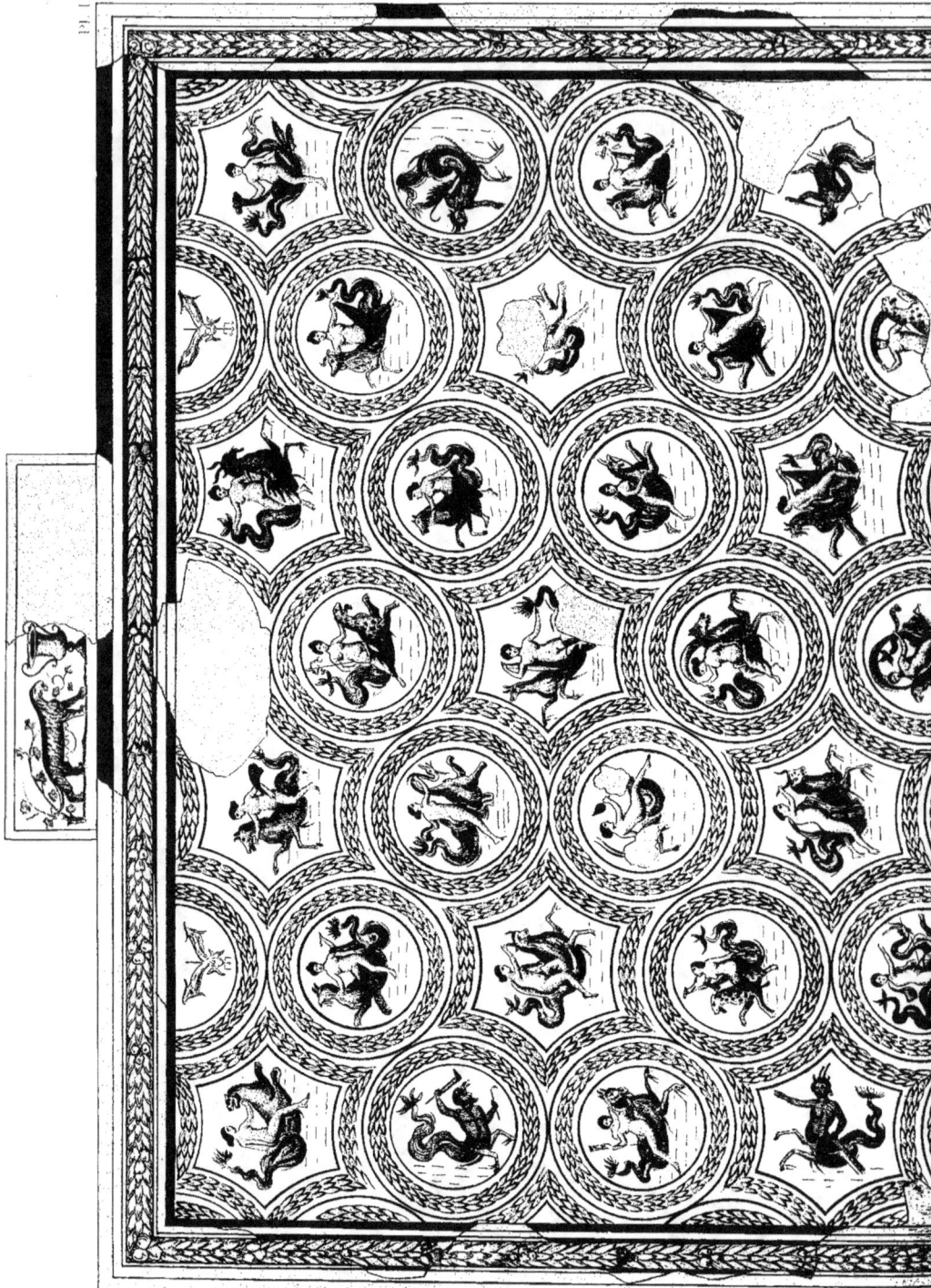

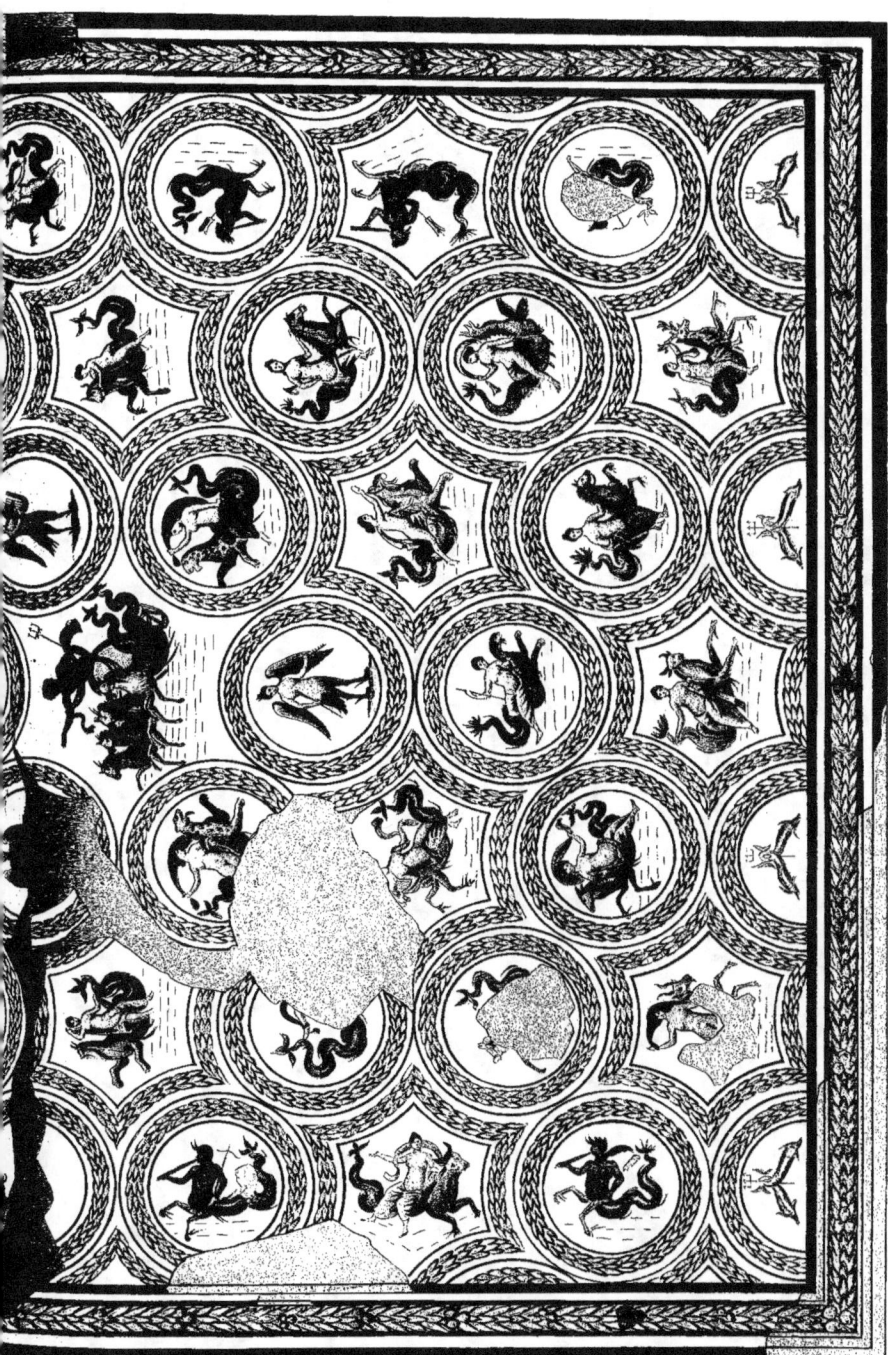

NEPTUNE & SON CORTÈGE
Mosaïque provenant d'Hadrumète (Sousse)
Echelle 0,03 par M

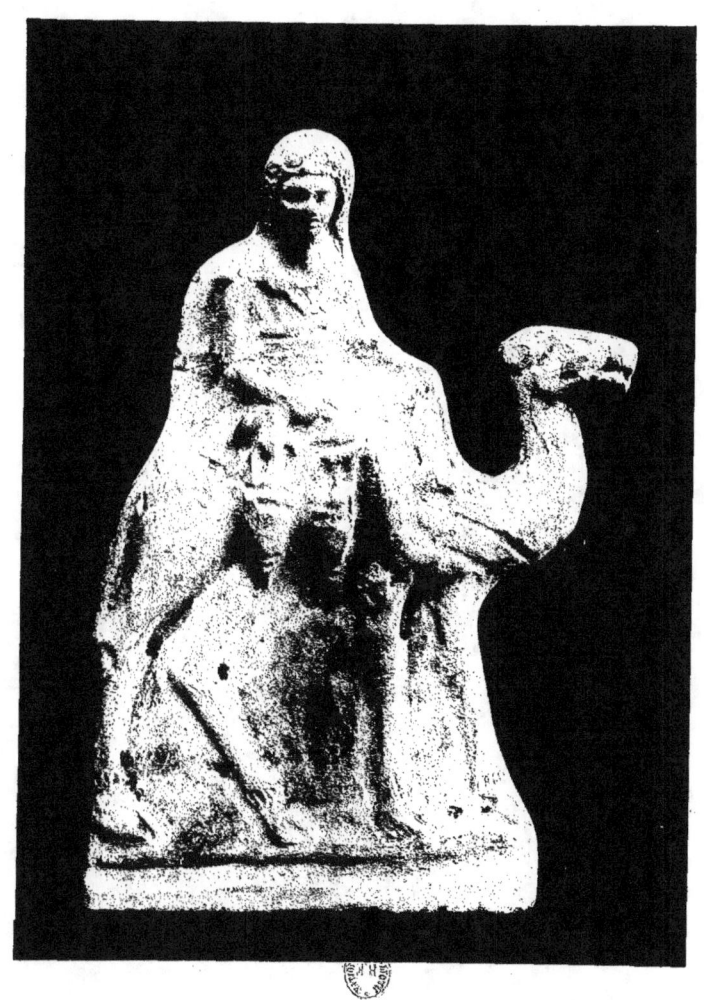

STATUETTE DE TERRE CUITE

De la Nécropole romaine d'Hadrumète (*Sousse*).

Pl. III.

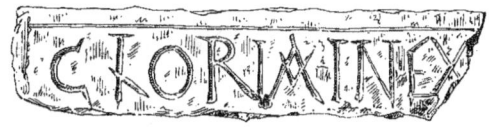

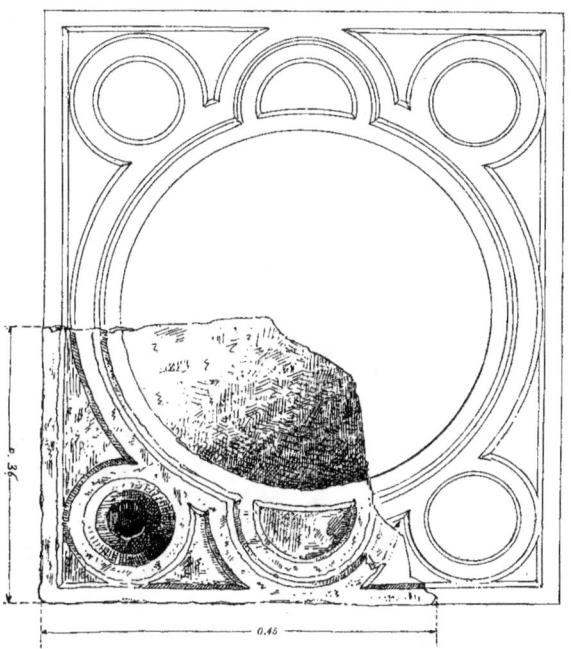

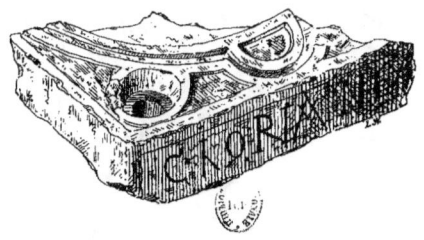

CUVETTE DE FONTAINE CHRÉTIENNE
des environs de Zaghouan.

Pl. IV.

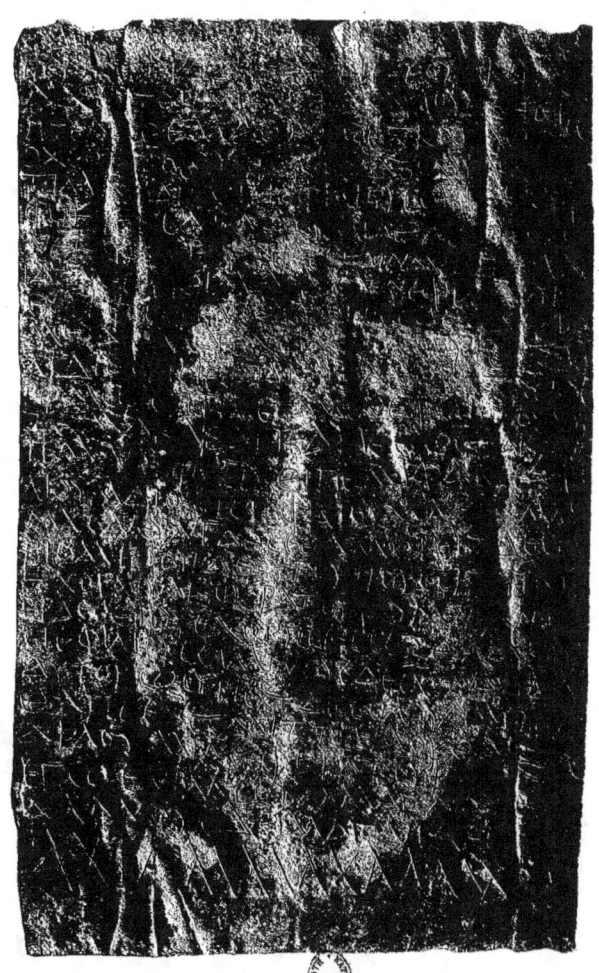

PLAQUE DE PLOMB

Trouvée dans un sépulcre d'Hadrumète (*Sousse*).

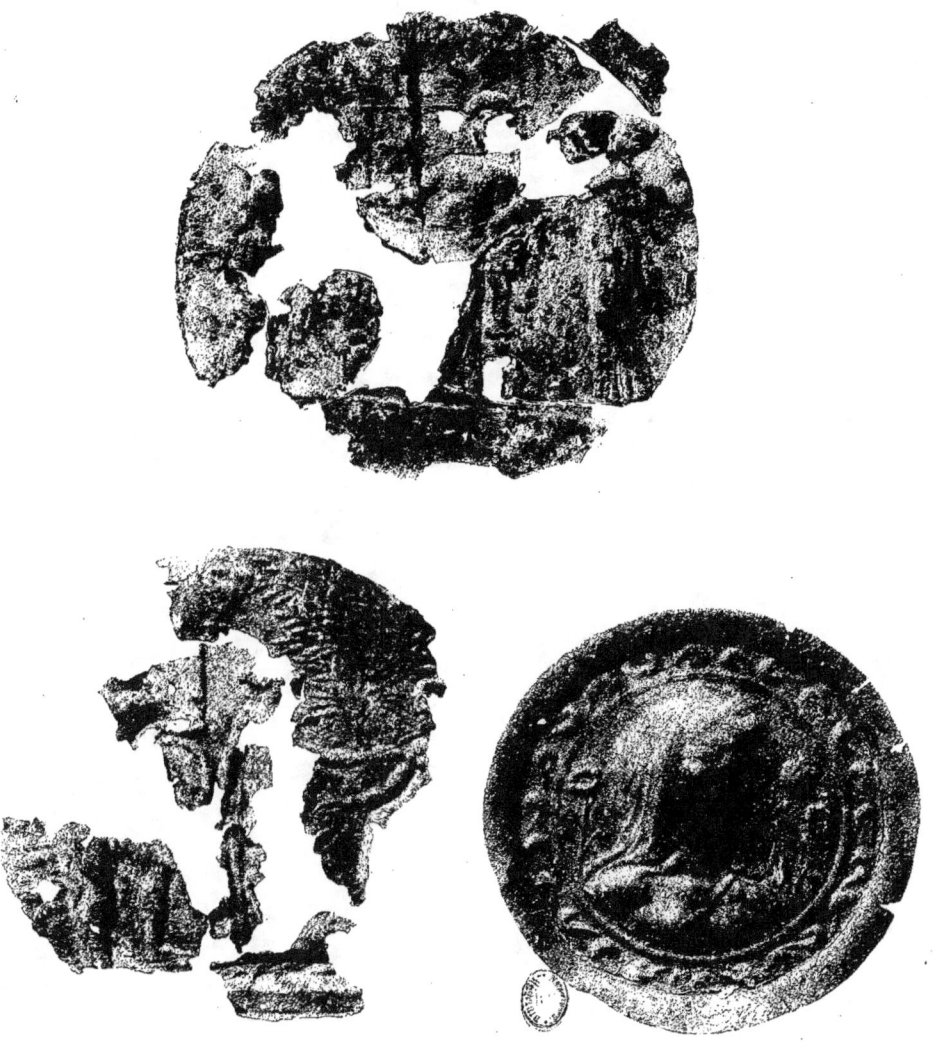

DOS DE MIROIRS A RELIEFS

Provenant de la Nécropole de Hammam Darradji (*Bulla Regia*).

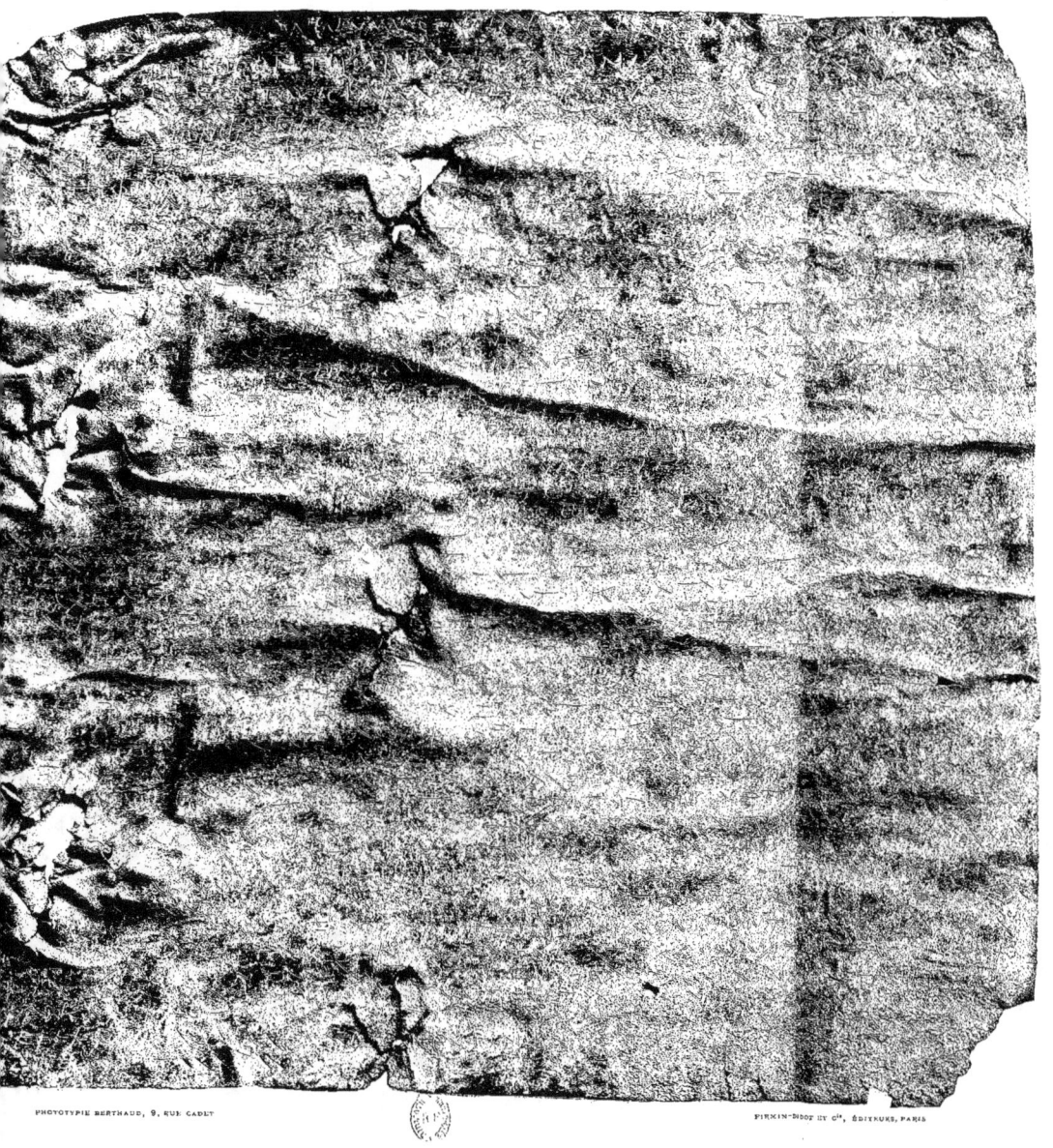

PLAQUE DE PLOMB *TABELLA DEVOTIONIS*

Hadrumète (*Sousse*)

Pl. VII.

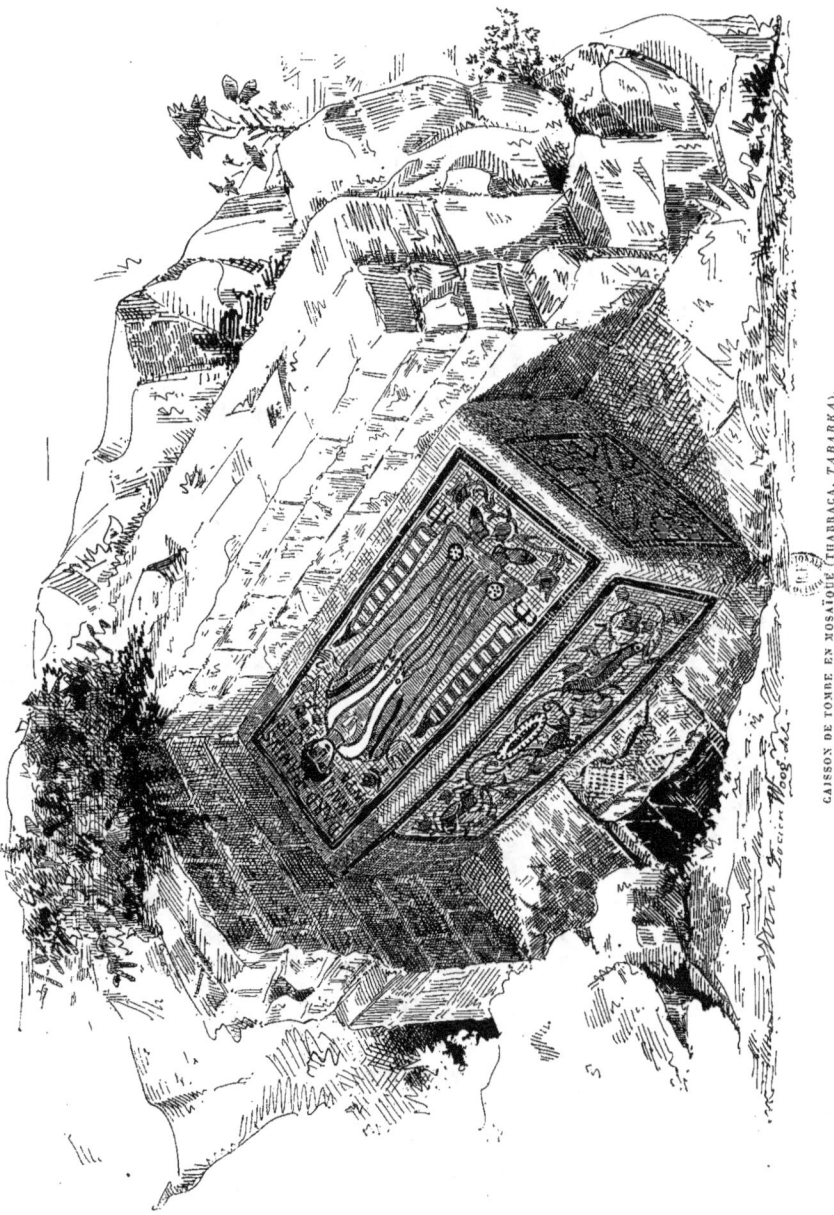

CAISSON DE TOMBE EN MOSAÏQUE (THABRACA, TABARKA).

Pl. VIII.

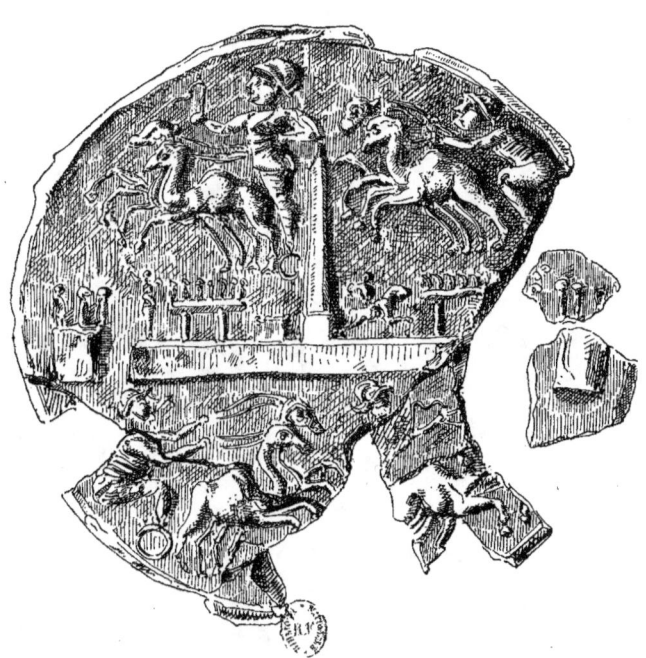

MÉDAILLON DE TERRE-CUITE (HADRUMÈTE, SOUSSE).

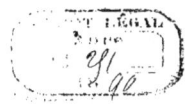

RÉPUBLIQUE FRANÇAISE — RÉGENCE DE TUNIS

COLLECTIONS

DU

MUSÉE ALAOUI

PUBLIÉES SOUS LA DIRECTION

DE

M. R. DE LA BLANCHÈRE

DÉLÉGUÉ DU MINISTÈRE DE L'INSTRUCTION PUBLIQUE ET DES BEAUX-ARTS DE FRANCE PRÈS LA RÉSIDENCE GÉNÉRALE
DIRECTEUR DU SERVICE BEYLICAL DES ANTIQUITÉS ET DES ARTS

PREMIÈRE SÉRIE

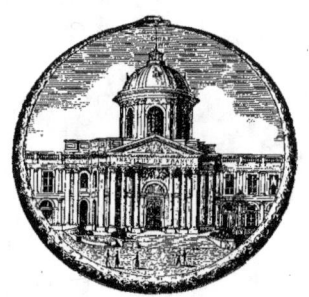

PARIS

LIBRAIRIE DE FIRMIN-DIDOT ET CIE
IMPRIMEURS DE L'INSTITUT, RUE JACOB, 56
1890

3e **Livraison.**

LES PROCHAINES LIVRAISONS CONTIENDRONT :

TABULA DEVOTIONIS
TROUVÉE A HADRUMÈTE

Par MM. BRÉAL et MASPERO
DE L'INSTITUT

VASE DE TACAPE
A INSCRIPTION NÉOPUNIQUE

Par M. PH. BERGER
AUXILIAIRE DE L'INSTITUT

ANTIQUITÉS CHRÉTIENNES
Par M. l'abbé DUCHESNE
DE L'INSTITUT

SCEAU D'UNE AMPHORE CHRÉTIENNE
DE TAPARURA, SFAKS

Par le R. P. DELATTRE
CONSERVATEUR DU MUSÉE DE SAINT-LOUIS DE CARTHAGE

PLAQUE DE TERRE CUITE
REPRÉSENTANT

UNE COURSE DE CHAMEAUX DANS LE CIRQUE

Par le R. P. THÉDENAT
DE LA SOCIÉTÉ DES ANTIQUAIRES DE FRANCE

PIERRE SACRÉE CARTHAGINOISE
Par le Mis DE VOGÜÉ
DE L'INSTITUT

MIROIRS EN BRONZE
A RELIEFS

Par M. SALOMON REINACH
ATTACHÉ AU MUSÉE DE SAINT-GERMAIN

TERRES CUITES D'HADRUMÈTE
Par M. EDM. POTTIER
DU MUSÉE DU LOUVRE

CARREAU DE TERRE CUITE
DE CARTHAGE

Par M. CLERMONT-GANNEAU
DE L'INSTITUT

INSCRIPTIONS CHRÉTIENNES
Par M. EDM. LE BLANT
DE L'INSTITUT

ÉPIGRAPHIE ROMAINE
Par M. RENÉ CAGNAT
PROFESSEUR AU COLLÈGE DE FRANCE

TYPOGRAPHIE DE FIRMIN-DIDOT. — MESNIL (EURE).

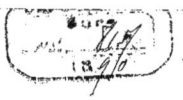

RÉPUBLIQUE FRANÇAISE — RÉGENCE DE TUNIS

COLLECTIONS
DU
MUSÉE ALAOUI

PUBLIÉES SOUS LA DIRECTION

DE

M. R. DE LA BLANCHÈRE

DÉLÉGUÉ DU MINISTÈRE DE L'INSTRUCTION PUBLIQUE ET DES BEAUX-ARTS DE FRANCE PRÈS LA RÉSIDENCE GÉNÉRALE
DIRECTEUR DU SERVICE BEYLICAL DES ANTIQUITÉS ET DES ARTS

PREMIÈRE SÉRIE

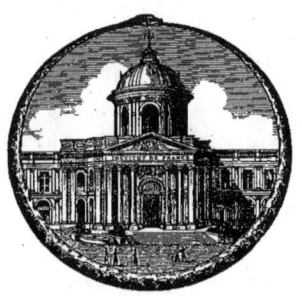

PARIS

LIBRAIRIE DE FIRMIN-DIDOT ET CIE
IMPRIMEURS DE L'INSTITUT, RUE JACOB, 56
1890

4e Livraison.

LES PROCHAINES LIVRAISONS CONTIENDRONT :

TABULA DEVOTIONIS
TROUVÉE A HADRUMÈTE
Par MM. BRÉAL et MASPERO
DE L'INSTITUT

VASE DE TACAPE
A INSCRIPTION NÉOPUNIQUE
Par M. PH. BERGER
AUXILIAIRE DE L'INSTITUT

MONUMENT DES SAINTES
MAXIMA, DONATILLA ET SECUNDA
Par M. EDM. LE BLANT
DE L'INSTITUT

SCEAU D'UNE AMPHORE CHRÉTIENNE
DE TAPARURA, SFAKS
Par le R. P. DELATTRE
CONSERVATEUR DU MUSÉE DE SAINT-LOUIS DE CARTHAGE

PLAQUE DE TERRE CUITE
REPRÉSENTANT
UNE COURSE DE CHAMEAUX DANS LE CIRQUE
Par le R. P. THÉDENAT
DE LA SOCIÉTÉ DES ANTIQUAIRES DE FRANCE

AMULETTE
PROVENANT D'UN CIMETIÈRE ROMAIN DE BULLA REGIA
Par M. R. DE LA BLANCHÈRE

PIERRE SACRÉE CARTHAGINOISE
Par le Mis DE VOGÜÉ
DE L'INSTITUT

MIROIRS EN BRONZE
A RELIEFS
Par M. SALOMON REINACH
ATTACHÉ AU MUSÉE DE SAINT-GERMAIN

TERRES CUITES D'HADRUMÈTE
Par M. EDM. POTTIER
DU MUSÉE DU LOUVRE

CARREAU DE TERRE CUITE
DE CARTHAGE
Par M. CLERMONT-GANNEAU
DE L'INSTITUT

INSCRIPTIONS CHRÉTIENNES
Par M. EDM. LE BLANT
DE L'INSTITUT

ÉPIGRAPHIE ROMAINE
Par M. RENÉ CAGNAT
PROFESSEUR AU COLLÈGE DE FRANCE

TYPOGRAPHIE DE FIRMIN-DIDOT. — MESNIL (EURE).

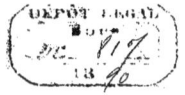

RÉPUBLIQUE FRANÇAISE — RÉGENCE DE TUNIS

COLLECTIONS
DU
MUSÉE ALAOUI

PUBLIÉES SOUS LA DIRECTION

DE

M. R. DE LA BLANCHÈRE

DÉLÉGUÉ DU MINISTÈRE DE L'INSTRUCTION PUBLIQUE ET DES BEAUX-ARTS DE FRANCE PRÈS LA RÉSIDENCE GÉNÉRALE
DIRECTEUR DU SERVICE BEYLICAL DES ANTIQUITÉS ET DES ARTS

PREMIÈRE SÉRIE

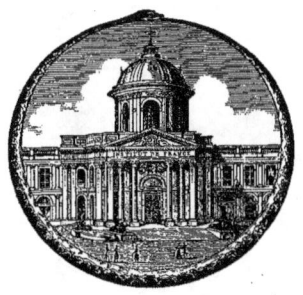

PARIS
LIBRAIRIE DE FIRMIN-DIDOT ET CIE
IMPRIMEURS DE L'INSTITUT, RUE JACOB, 56
1890

5 Livraison.

LES PROCHAINES LIVRAISONS CONTIENDRONT :

NOUVELLE TABULA DEVOTIONIS
TROUVÉE A HADRUMÈTE
Par M. G. MASPERO
DE L'INSTITUT

VASE DE TACAPE
A INSCRIPTION NÉOPUNIQUE
Par M. PH. BERGER
AUXILIAIRE DE L'INSTITUT

MONUMENT DES SAINTES
MAXIMA, DONATILLA ET SECUNDA
Par M. EDM. LE BLANT
DE L'INSTITUT

SCEAU D'UNE AMPHORE CHRÉTIENNE
DE TAPARURA, SFAKS
Par le R. P. DELATTRE
CONSERVATEUR DU MUSÉE DE SAINT-LOUIS DE CARTHAGE

PLAQUE DE TERRE CUITE
REPRÉSENTANT
UNE COURSE DE CHAMEAUX DANS LE CIRQUE
Par le R. P. THÉDENAT
DE LA SOCIÉTÉ DES ANTIQUAIRES DE FRANCE

AMULETTE
PROVENANT D'UN CIMETIÈRE ROMAIN DE BULLA REGIA
Par M. R. DE LA BLANCHÈRE

PIERRE SACRÉE CARTHAGINOISE
Par le Mis DE VOGÜÉ
DE L'INSTITUT

MIROIRS EN BRONZE
A RELIEFS
Par M. SALOMON REINACH
ATTACHÉ AU MUSÉE DE SAINT-GERMAIN

TERRES CUITES D'HADRUMÈTE
Par M. EDM. POTTIER
DU MUSÉE DU LOUVRE

CARREAU DE TERRE CUITE
DE CARTHAGE
Par M. CLERMONT-GANNEAU
DE L'INSTITUT

INSCRIPTIONS CHRÉTIENNES
Par M. EDM. LE BLANT
DE L'INSTITUT

ÉPIGRAPHIE ROMAINE
Par M. RENÉ CAGNAT
PROFESSEUR AU COLLÈGE DE FRANCE

TYPOGRAPHIE DE FIRMIN-DIDOT. — MESNIL (EURE).

RÉPUBLIQUE FRANÇAISE — RÉGENCE DE TUNIS

COLLECTIONS
DU
MUSÉE ALAOUI

PUBLIÉES SOUS LA DIRECTION

DE

M. R. DE LA BLANCHÈRE

DÉLÉGUÉ DU MINISTÈRE DE L'INSTRUCTION PUBLIQUE ET DES BEAUX-ARTS DE FRANCE PRÈS LA RÉSIDENCE GÉNÉRALE
DIRECTEUR DU SERVICE BEYLICAL DES ANTIQUITÉS ET DES ARTS

PREMIÈRE SÉRIE

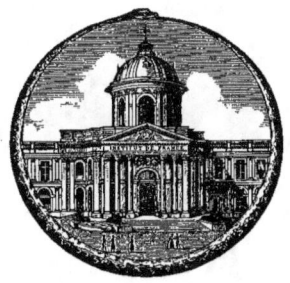

PARIS

LIBRAIRIE DE FIRMIN-DIDOT ET CIE
IMPRIMEURS DE L'INSTITUT, RUE JACOB, 56
1890

6e **Livraison.**

LES PROCHAINES LIVRAISONS CONTIENDRONT :

Nouvelle TABULA DEVOTIONIS

TROUVÉE A HADRUMÈTE

Par M. G. MASPERO
DE L'INSTITUT

VASE DE TACAPE

A INSCRIPTION NÉOPUNIQUE

Par M. PH. BERGER
AUXILIAIRE DE L'INSTITUT

MONUMENT DES SAINTES

MAXIMA, DONATILLA ET SECUNDA

Par M. EDM. LE BLANT
DE L'INSTITUT

SCEAU D'UNE AMPHORE CHRÉTIENNE

DE TAPARURA, SFAKS

Par le R. P. DELATTRE
CORRESPONDANT DE L'INSTITUT

PLAQUE DE TERRE CUITE

REPRÉSENTANT

UNE COURSE DE CHAMEAUX DANS LE CIRQUE

Par le R. P. THÉDENAT
DE LA SOCIÉTÉ DES ANTIQUAIRES DE FRANCE

AMULETTE

PROVENANT D'UN CIMETIÈRE ROMAIN DE BULLA REGIA

Par M. R. DE LA BLANCHÈRE

PIERRE SACRÉE CARTHAGINOISE

Par M. le Mis DE VOGÜÉ
DE L'INSTITUT

MIROIRS EN BRONZE

A RELIEFS

Par M. SALOMON REINACH
ATTACHÉ AU MUSÉE DE SAINT-GERMAIN

TERRES CUITES D'HADRUMÈTE

Par M. EDM. POTTIER
DU MUSÉE DU LOUVRE

CARREAU DE TERRE CUITE

DE CARTHAGE

Par M. CLERMONT-GANNEAU
DE L'INSTITUT

STÈLE ROMAINE

AU NOM DE CALPENNIA VICTORIA

Par M. HÉRON DE VILLEFOSSE
DE L'INSTITUT

INSCRIPTIONS CHRÉTIENNES

Par M. EDM. LE BLANT
DE L'INSTITUT

ÉPIGRAPHIE ROMAINE

Par M. RENÉ CAGNAT
PROFESSEUR AU COLLÈGE DE FRANCE

TYPOGRAPHIE FIRMIN-DIDOT ET Cie. — MESNIL (EURE).

RÉPUBLIQUE FRANÇAISE — RÉGENCE DE TUNIS

COLLECTIONS
DU
MUSÉE ALAOUI

PUBLIÉES SOUS LA DIRECTION

DE

M. R. DE LA BLANCHÈRE

DÉLÉGUÉ DU MINISTÈRE DE L'INSTRUCTION PUBLIQUE ET DES BEAUX-ARTS DE FRANCE PRÈS LA RÉSIDENCE GÉNÉRALE
DIRECTEUR DU SERVICE BEYLICAL DES ANTIQUITÉS ET DES ARTS

PREMIÈRE SÉRIE

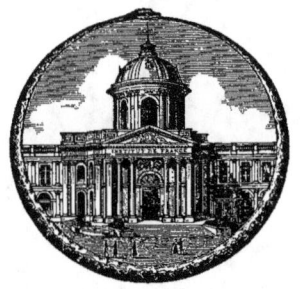

PARIS

LIBRAIRIE DE FIRMIN-DIDOT ET CIE
IMPRIMEURS DE L'INSTITUT, RUE JACOB, 56
1890

7e Livraison.

LES PROCHAINES LIVRAISONS CONTIENDRONT :

Nouvelle TABULA DEVOTIONIS
TROUVÉE A HADRUMÈTE
Par M. G. MASPERO
DE L'INSTITUT

VASE DE TACAPE
A INSCRIPTION NÉOPUNIQUE
Par M. PH. BERGER
AUXILIAIRE DE L'INSTITUT

MONUMENT DES SAINTES
MAXIMA, DONATILLA ET SECUNDA
Par M. EDM. LE BLANT
DE L'INSTITUT

SCEAU D'UNE AMPHORE CHRÉTIENNE
DE TAPARURA, SFAKS
Par le R. P. DELATTRE
CORRESPONDANT DE L'INSTITUT

PLAQUE DE TERRE CUITE
REPRÉSENTANT
UNE COURSE DE CHAMEAUX DANS LE CIRQUE
Par le R. P. THÉDENAT
DE LA SOCIÉTÉ DES ANTIQUAIRES DE FRANCE

AMULETTE
PROVENANT D'UN CIMETIÈRE ROMAIN DE BULLA REGIA
Par M. R. DE LA BLANCHÈRE

PIERRE SACRÉE CARTHAGINOISE
Par M. le Mis DE VOGÜÉ
DE L'INSTITUT

STÈLE ROMAINE
AU NOM DE CALPENNIA VICTORIA
Par M. HÉRON DE VILLEFOSSE
DE L'INSTITUT

TERRES CUITES D'HADRUMÈTE
Par M. EDM. POTTIER
DU MUSÉE DU LOUVRE

CARREAU DE TERRE CUITE
DE CARTHAGE
Par M. CLERMONT-GANNEAU
DE L'INSTITUT

LES MOSAÏQUES DE LA FERME GODMET
PRÈS DE TABARKA
Par M. R. DE LA BLANCHÈRE

INSCRIPTIONS CHRÉTIENNES
Par M. EDM. LE BLANT
DE L'INSTITUT

ÉPIGRAPHIE ROMAINE
Par M. RENÉ CAGNAT
PROFESSEUR AU COLLÈGE DE FRANCE

RÉPUBLIQUE FRANÇAISE — RÉGENCE DE TUNIS

COLLECTIONS

DU

MUSÉE ALAOUI

PUBLIÉES SOUS LA DIRECTION

DE

M. R. DE LA BLANCHÈRE

DÉLÉGUÉ DU MINISTÈRE DE L'INSTRUCTION PUBLIQUE ET DES BEAUX-ARTS DE FRANCE PRÈS LA RÉSIDENCE GÉNÉRALE
DIRECTEUR DU SERVICE BEYLICAL DES ANTIQUITÉS ET DES ARTS

PREMIÈRE SÉRIE

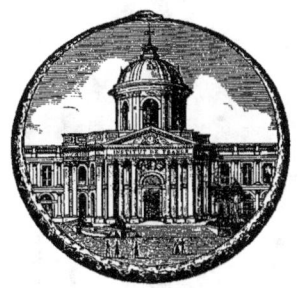

PARIS
LIBRAIRIE DE FIRMIN-DIDOT ET CIE
IMPRIMEURS DE L'INSTITUT, RUE JACOB, 56
1890

8e Livraison.

LES PROCHAINES LIVRAISONS CONTIENDRONT :

STÈLE ROMAINE
AU NOM DE CALPENNIA VICTORIA

Par M. HÉRON DE VILLEFOSSE
DE L'INSTITUT

VASE DE TACAPE
A INSCRIPTION NÉOPUNIQUE

Par M. PH. BERGER
AUXILIAIRE DE L'INSTITUT

TROISIÈME TABULA DEVOTIONIS
D'HADRUMÈTE

Par M. G. MASPERO
DE L'INSTITUT

PLAQUE DE TERRE CUITE
REPRÉSENTANT
UNE COURSE DE CHAMEAUX DANS LE CIRQUE

Par le R. P. THÉDENAT
DE LA SOCIÉTÉ DES ANTIQUAIRES DE FRANCE

SCEAU D'UNE AMPHORE CHRÉTIENNE
DE TAPARURA, SFAKS

Par le R. P. DELATTRE
CORRESPONDANT DE L'INSTITUT

AMULETTE
PROVENANT D'UN CIMETIÈRE ROMAIN DE BULLA REGIA

Par M. R. DE LA BLANCHÈRE

PIERRE SACRÉE CARTHAGINOISE

Par M. le Mis DE VOGÜÉ
DE L'INSTITUT

VASES A INSCRIPTIONS NÉOPUNIQUES
D'HADRUMÈTE

Par M. PH. BERGER
AUXILIAIRE DE L'INSTITUT

TERRES CUITES D'HADRUMÈTE

Par M. EDM. POTTIER
DU MUSÉE DU LOUVRE

CARREAU DE TERRE CUITE
DE CARTHAGE

Par M. CLERMONT-GANNEAU
DE L'INSTITUT

LES MOSAÏQUES DE LA FERME GODEMET
PRÈS DE TABARKA

Par M. R. DE LA BLANCHÈRE

INSCRIPTIONS CHRÉTIENNES

Par M. EDM. LE BLANT
DE L'INSTITUT

ÉPIGRAPHIE ROMAINE

Par M. RENÉ CAGNAT
PROFESSEUR AU COLLÈGE DE FRANCE

TYPOGRAPHIE FIRMIN-DIDOT ET Cie. — MESNIL (EURE).

RÉPUBLIQUE FRANÇAISE — RÉGENCE DE TUNIS

COLLECTIONS
DU
MUSÉE ALAOUI

PUBLIÉES SOUS LA DIRECTION

DE

M. R. DE LA BLANCHÈRE

DÉLÉGUÉ DU MINISTÈRE DE L'INSTRUCTION PUBLIQUE ET DES BEAUX-ARTS DE FRANCE PRÈS LA RÉSIDENCE GÉNÉRALE
DIRECTEUR DU SERVICE BEYLICAL DES ANTIQUITÉS ET DES ARTS

PREMIÈRE SÉRIE

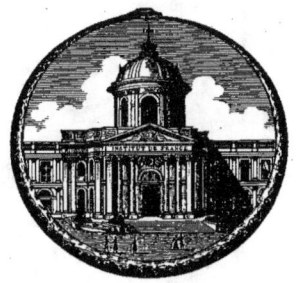

PARIS
LIBRAIRIE DE FIRMIN-DIDOT ET CIE
IMPRIMEURS DE L'INSTITUT, RUE JACOB, 56
1892

9e Livraison.

RÉPUBLIQUE FRANÇAISE — RÉGENCE DE TUNIS

COLLECTIONS
DU
MUSÉE ALAOUI

PUBLIÉES SOUS LA DIRECTION

DE

R. DE LA BLANCHÈRE

PREMIÈRE SÉRIE

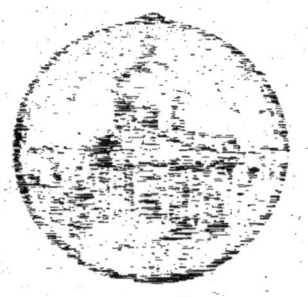

1890

IMPRIMERIE NATIONALE

LES PROCHAINES LIVRAISONS CONTIENDRONT :

STÈLE ROMAINE
AU NOM DE CALPENNIA VICTORIA

Par M. HÉRON DE VILLEFOSSE
DE L'INSTITUT

VASE DE TACAPE
A INSCRIPTION NÉOPUNIQUE

Par M. PH. BERGER
DE L'INSTITUT

NOUVELLES TABELLAE DEVOTIONIS
D'HADRUMÈTE

Par M. G. MASPERO
DE L'INSTITUT

PLAQUE DE TERRE CUITE
REPRÉSENTANT
UNE COURSE DE CHAMEAUX DANS LE CIRQUE

Par M. G. LAFAYE
DE LA FACULTÉ DES LETTRES DE PARIS

LA MOSAÏQUE
DANS LA PROVINCE D'AFRIQUE
D'APRÈS LA COLLECTION DU MUSÉE

Par M. R. DE LA BLANCHÈRE

TERRES CUITES D'HADRUMÈTE

Par M. EDM. POTTIER
DU MUSÉE DU LOUVRE

PIERRE SACRÉE CARTHAGINOISE

Par M. le Mis DE VOGÜÉ
DE L'INSTITUT

VASES A INSCRIPTIONS NÉOPUNIQUES
D'HADRUMÈTE

Par M. PH. BERGER
DE L'INSTITUT

LES MOSAÏQUES
TOMBALES CHRÉTIENNES DE THABRACA

Par M. C. BAYET
CORRESPONDANT DE L'INSTITUT

LES MOSAÏQUES DE LA FERME GODEMET
PRÈS DE TABARKA

Par M. R. DE LA BLANCHÈRE

INSCRIPTIONS CHRÉTIENNES

Par M. EDM. LE BLANT
DE L'INSTITUT

ÉPIGRAPHIE ROMAINE

Par M. RENÉ CAGNAT
PROFESSEUR AU COLLÈGE DE FRANCE

MOSAÏQUE DE CAPSA
REPRÉSENTANT LE CIRQUE

Par M. Ch. DIEHL
DE LA FACULTÉ DES LETTRES DE NANCY

TYPOGRAPHIE FIRMIN-DIDOT ET Cie. — MESNIL (EURE).

RÉPUBLIQUE FRANÇAISE — RÉGENCE DE TUNIS

COLLECTIONS
DU
MUSÉE ALAOUI

PUBLIÉES SOUS LA DIRECTION

DE

M.-R. DE LA BLANCHÈRE

DÉLÉGUÉ DU MINISTÈRE DE L'INSTRUCTION PUBLIQUE ET DES BEAUX-ARTS DE FRANCE PRÈS LA RÉSIDENCE GÉNÉRALE
DIRECTEUR DU SERVICE BEYLICAL DES ANTIQUITÉS ET DES ARTS

PREMIÈRE SÉRIE

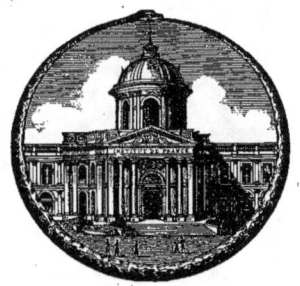

PARIS

LIBRAIRIE DE FIRMIN-DIDOT ET CIE
IMPRIMEURS DE L'INSTITUT, RUE JACOB, 56
1893

10e Livraison.

LES PROCHAINES LIVRAISONS CONTIENDRONT :

STÈLE ROMAINE
AU NOM DE CALPENNIA VICTORIA

Par M. HÉRON DE VILLEFOSSE

DE L'INSTITUT

VASE DE TACAPE
A INSCRIPTION NÉOPUNIQUE

Par M. PH. BERGER

DE L'INSTITUT

NOUVELLES TABELLAE DEVOTIONIS
D'HADRUMÈTE

Par M. G. MASPERO

DE L'INSTITUT

LA MOSAÏQUE
DANS LA PROVINCE D'AFRIQUE

D'APRÈS LA COLLECTION DU MUSÉE

Par M. R. DE LA BLANCHÈRE

TERRES-CUITES D'HADRUMÈTE

Par M. EDM. POTTIER

DU MUSÉE DU LOUVRE

PIERRE SACRÉE CARTHAGINOISE

Par M. le Mis DE VOGÜÉ

DE L'INSTITUT

VASES A INSCRIPTIONS NÉOPUNIQUES
D'HADRUMÈTE

Par M. PH. BERGER

DE L'INSTITUT

LES MOSAÏQUES
TOMBALES CHRÉTIENNES DE THABRACA

Par M. C. BAYET

CORRESPONDANT DE L'INSTITUT

LES MOSAÏQUES DE LA FERME GODEMET
PRÈS DE TABARKA

Par M. R. DE LA BLANCHÈRE

ÉPIGRAPHIE ROMAINE

Par M. RENÉ CAGNAT

PROFESSEUR AU COLLÈGE DE FRANCE

MOSAÏQUE DE CAPSA
REPRÉSENTANT LE CIRQUE

Par M. Ch. DIEHL

DE LA FACULTÉ DES LETTRES DE NANCY

TYPOGRAPHIE FIRMIN-DIDOT ET Cie. — MESNIL (EURE).

RÉPUBLIQUE FRANÇAISE — RÉGENCE DE TUNIS

COLLECTIONS
DU
MUSÉE ALAOUI

PUBLIÉES SOUS LA DIRECTION

DE

M.-R. DE LA BLANCHÈRE

DÉLÉGUÉ DU MINISTÈRE DE L'INSTRUCTION PUBLIQUE ET DES BEAUX-ARTS DE FRANCE PRÈS LA RÉSIDENCE GÉNÉRALE
DIRECTEUR DU SERVICE BEYLICAL DES ANTIQUITÉS ET DES ARTS

PREMIÈRE SÉRIE

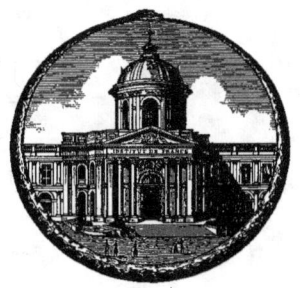

PARIS
LIBRAIRIE DE FIRMIN-DIDOT ET Cie
IMPRIMEURS DE L'INSTITUT, RUE JACOB, 56
1893

11ᵉ et 12ᵉ Livraisons.

COLLECTIONS DU MUSÉE ALAOUI

Deuxième Série

La publication des douze livraisons de la première série, contenant l'étude détaillée de quelques-uns des monuments les plus intéressants du Musée, a suffisamment fait comprendre l'importance des collections qui ont été réunies dans cet établissement, et qui se sont rapidement augmentées depuis quatre ans qu'il est ouvert. Ce qui est urgent désormais, c'est de mettre promptement sous les yeux du public un grand nombre d'objets, choisis parmi les plus précieux, et d'en faciliter l'étude par de bonnes reproductions. La *Deuxième Série*, qui va se publier dans les mêmes conditions que la première, fera donc une plus grande part encore aux représentations figurées, et sera un véritable album, accompagné d'un texte sobre et aussi précis que possible.

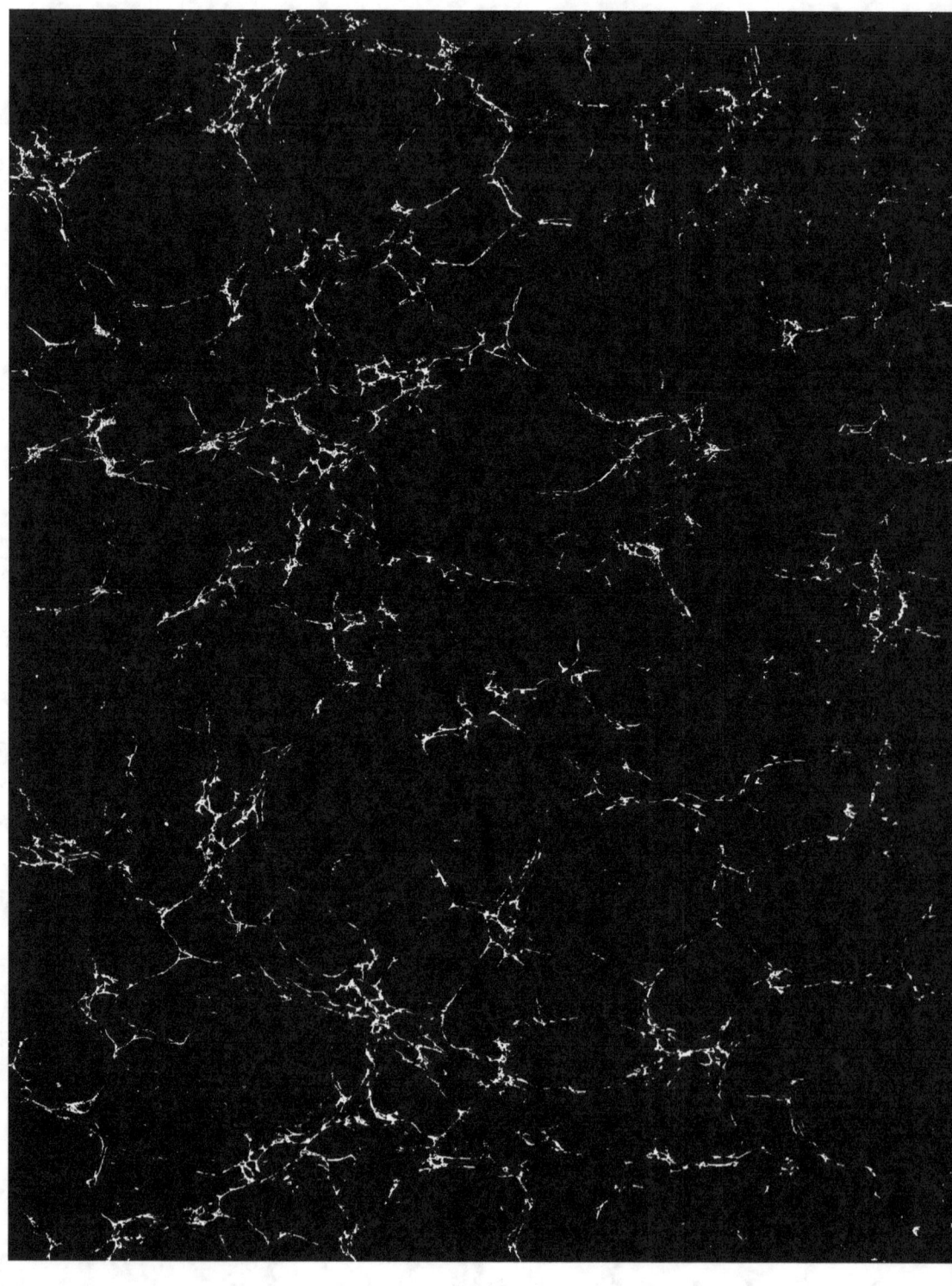

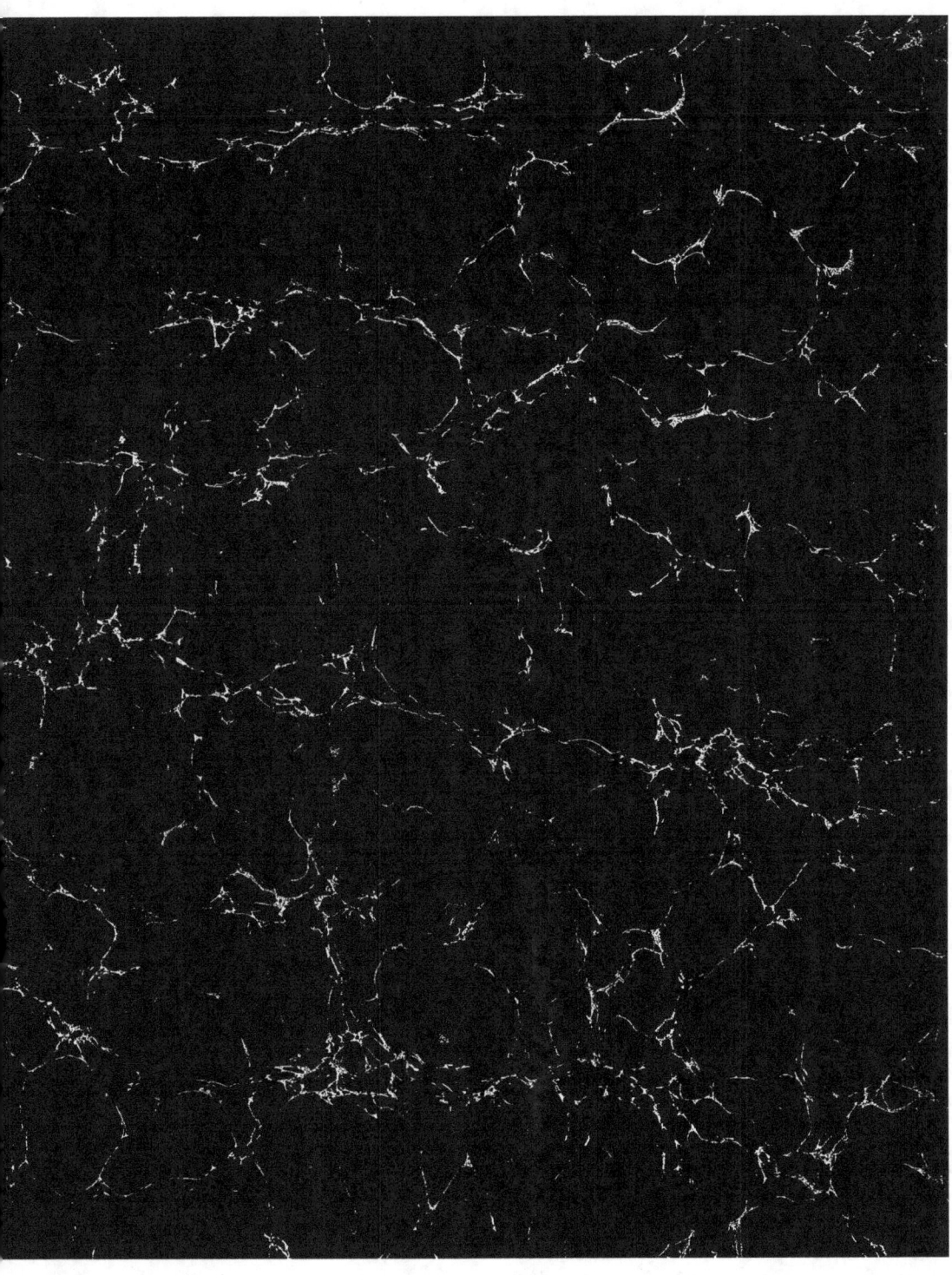

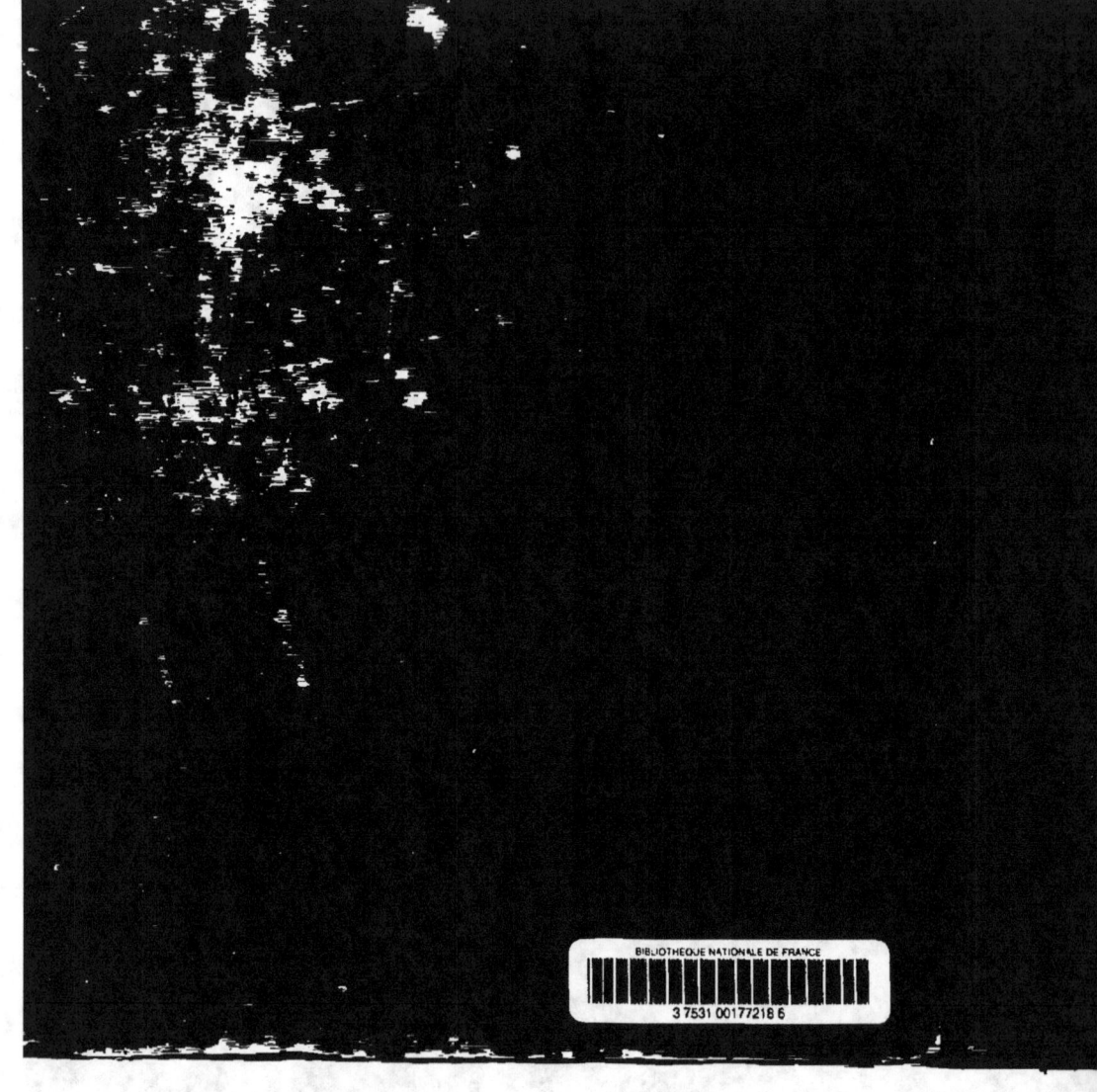

www.ingramcontent.com/pod-product-compliance
Lightning Source LLC
Chambersburg PA
CBHW052247220526
45471CB00001B/229